U0742356

THE STOCK MARKET

康凯彬——主编

量价分析从入门到精通

从量价变动中挖掘潜力股

量价实战分析

快速入门

口碑热销

第3版

中国纺织出版社有限公司

内 容 提 要

本书主要分析股价走势中量价之间的关系，全书分为七章，包括量价关系基本知识、成交量的各种指标、量价关系走势分析、通过成交量判断主力动向、从成交量异动中寻找盈利机会、量价关系实战技巧、提防成交量陷阱。

本书以实战案例为基础，详细剖析了各个阶段中股价与成交量变化所表达的市场意义，帮助初入股市的投资者学会通过分析和运用量价关系挖掘潜力个股，来获取收益。本书在第 2 版的基础上更新了大量的实战案例，实用性更强，是中小投资者提升炒股技巧必备的投资参考书。

图书在版编目（CIP）数据

量价实战分析快速入门 / 康凯彬主编 . --3 版 . --
北京：中国纺织出版社有限公司，2023.4
ISBN 978-7-5180-9810-1

Ⅰ . ①量… Ⅱ . ①康… Ⅲ . ①股票交易－基本知识
Ⅳ . ① F830.91

中国版本图书馆 CIP 数据核字（2022）第 157100 号

责任编辑：向连英　　责任校对：高 涵　　责任印制：储志伟

中国纺织出版社有限公司出版发行
地址：北京市朝阳区百子湾东里A407号楼　邮政编码：100124
销售电话：010－67004422　传真：010－87155801
http://www.c-textilep.com
中国纺织出版社天猫旗舰店
官方微博 http://weibo.com/2119887771
天津千鹤文化传播有限公司印刷　各地新华书店经销
2023年4月第 3 版第 1 次印刷
开本：710×1000　1/16　印张：14
字数：195千字　定价：49.80元

　　量价关系是股票市场技术分析的第一要素，许多指标都是围绕着量价关系延伸和展开的，所以说量价关系是进行技术分析的基础，也是每一位投资者十分关注的话题。价和量是市场行为最基本的表现，一切技术分析方法都是以价和量为研究对象的。成交量是股票市场的原动力，没有成交量配合的股价形同无本之木、无源之水。因此，成交量是投资者分析判断市场行情并做出投资决策的重要依据，也是各种技术分析指标应用时不可或缺的参考指标。

　　"工欲善其事，必先利其器。"股票市场中的风险和收益并存，投资者要想在风云变幻的股市中长久生存并不断获利，就必须熟练地掌握一些量价关系的基本知识以及一定的操作方法，准确地把握市场脉搏，力求做到"低买高卖"。

　　本书以分析量价之间的关系为主要内容，全书共分为七章，包括量价关系基本知识、成交量的各种指标、量价关系走势分析、通过成交量判断主力动向、从成交量异动中寻找盈利机会、量价关系实战技巧以及提防成交量陷阱，这些内容对股市实战操作者来说具有非常重要的指导意义。

编者

2023 年 2 月

目 录
CONTENTS

第一章　量价关系基本知识

一、什么是成交量　/ 002

（一）成交量的表达方式　/ 002

（二）成交量的变化形态　/ 004

二、什么是股价　/ 006

（一）股票的理论价格　/ 007

（二）股票的市场价格　/ 007

三、如何看分时走势图　/ 008

（一）认识分时走势图　/ 008

（二）认识 K 线　/ 010

四、成交量与股价的变动关系　/ 015

（一）量增价涨　/ 015

（二）量增价平　/ 016

（三）量增价跌　/ 018

（四）量平价升　/ 018

（五）量平价跌　/ 018

（六）量缩价涨 / 020

（七）量缩价跌 / 020

（八）量缩价平 / 022

五、量价关系在大盘中的应用 / 023

（一）大盘股指下跌的三种趋向 / 023

（二）大盘企稳的信号特征 / 023

（三）大盘趋势反转的两种情况 / 024

（四）大盘的"量实价虚"之说 / 024

（五）时间的重要性 / 024

（六）大盘的其他趋向走势 / 024

六、涨跌停板下的量价关系 / 025

（一）涨跌停板下量价关系的判断标准 / 025

（二）量价关系的对比 / 026

七、成交量认识上的误区 / 027

（一）本末倒置量价之间的关系 / 027

（二）只对某一时点的成交量进行分析 / 028

（三）只用成交量来进行大盘分析 / 028

（四）片面认为只要股价上涨就要放量 / 029

（五）下跌过程中只要量缩就会止跌 / 029

（六）突破平台时一定会放量 / 029

【本章操作提示】 / 030

第二章 ⋀⋀ 成交量的各种指标

一、PVI——正量指标 / 032

（一）PVI 指标的概念 / 032

（二）PVI 指标的计算公式 / 033

（三）PVI 指标的运用法则 / 033

（四）详解 PVI 指标的实战法则 / 033

二、NVI——负量指标 / 034

（一）NVI 指标的概念 / 034

（二）NVI 指标的计算公式 / 035

（三）NVI 指标的运用法则 / 035

（四）详解 NVI 指标的实战法则 / 035

三、VRSI——量相对强弱指标 / 036

（一）VRSI 指标的概念 / 036

（二）VRSI 指标的计算方法 / 036

（三）VRSI 指标的应用原则 / 037

（四）VRSI 指标产生背离时的分析 / 037

（五）VRSI 指标出现超买超卖时的分析 / 038

四、OBV——累积能量线 / 038

（一）OBV 指标的概念 / 038

（二）OBV 指标和股价的关系 / 039

（三）OBV 指标的计算公式 / 039

（四）OBV 指标在股市中的具体表现 / 040

（五）OBV 指标的实战运用 / 043

五、ABV——主力进出指标 / 044

（一）ABV 指标的概念 / 044

（二）ABV 指标的具体应用 / 044

六、VR——成交量比率指标 / 045

（一）VR 指标的概念 / 045

（二）VR 指标的计算公式 / 046

（三）VR 数值区域的划分标准 / 047

（四）VR 指标的实战技巧 / 047

（五）VR 指标的运用法则 / 048

（六）VR 曲线与股价的配合使用 / 048

七、VROC——量变动速率指标 / 049

（一）VROC指标的概念 / 049

（二）VROC指标的计算方法 / 049

（三）VROC指标的运用 / 050

八、VOSC——移动平均成交量指标 / 050

（一）VOSC指标的概念 / 050

（二）VOSC指标的计算公式 / 050

（三）VOSC指标的运用 / 051

【本章操作提示】 / 051

第三章 量价关系走势分析

一、走势中的量价关系分析 / 054

（一）破解走势中的量价关系之谜 / 054

（二）应对走势中量价关系的策略 / 055

二、底部区域的量价关系分析 / 056

（一）破解底部区域的量价关系之谜 / 056

（二）应对底部区域各种量价关系的策略 / 069

三、上涨初期的量价关系分析 / 077

（一）破解上涨初期的量价关系之谜 / 077

（二）应对上涨初期各种量价关系的策略 / 082

四、拉升阶段的量价关系分析 / 084

（一）破解拉升阶段的量价关系之谜 / 084

（二）应对拉升阶段各种量价关系的策略 / 098

五、出货阶段的量价关系分析 / 104

（一）破解出货阶段的量价关系之谜 / 104

（二）应对出货阶段各种量价关系的策略 / 115

六、量价配合下的股价走势分析 / 121

（一）量增价涨 / 121

（二）量减价跌 / 123

七、量价背离下的股价走势分析 / 124

（一）量缩价涨 / 124

（二）量增价跌 / 125

八、不同市道的量价走势分析 / 126

（一）牛市中的量价走势 / 126

（二）熊市中的量价走势 / 128

九、天量、地量下的股价走势分析 / 129

（一）天量下的股价走势 / 129

（二）地量下的股价走势 / 130

【本章操作提示】 / 132

第四章 通过成交量判断主力动向

一、成交量是透露主力意图的窗口 / 134

（一）利用成交量大小发现主力意图 / 134

（二）利用成交量的反常现象观察主力意图 / 134

（三）通过个股活跃程度观察主力意图 / 135

（四）通过换手率研判主力意图 / 135

二、通过成交量判断大资金进出方向 / 135

（一）观察价格变化，识别资金流向 / 136

（二）利用持续时间的长短判别资金流向 / 136

（三）观察尾盘，识别资金流向 / 136

（四）通过成交密集区识别资金流向 / 136

三、通过盯盘发现主力动向 / 137

（一）通过观察盘口研究主力动向 / 137

（二）通过盘面分析研判主力动向 / 138

四、利用成交量捕捉主力机构动向 / 139

（一）建仓阶段 / 140

（二）洗盘阶段 / 140

（三）拉升阶段 / 141

（四）出货阶段 / 141

五、通过成交量辨别主力增仓洗盘 / 141

六、从实时盘中寻找主力 / 142

七、从成交量的变化中判断主力出货 / 144

（一）高位放量滞涨出货 / 144

（二）拉高逐波下跌出货 / 144

（三）高位放量跳水出货 / 145

（四）边拉边出 / 146

八、量变决定洗盘的幅度与时间 / 146

九、通过成交量研判主力的运作过程 / 149

（一）主力操盘的条件 / 149

（二）主力操盘如何掌控股票价格 / 150

【本章操作提示】 / 151

第五章 从成交量异动中寻找盈利机会

一、成交量是一种选股指标 / 154

二、从成交量中发现大盘的顶部和底部 / 155
（一）从成交量中发现大盘的顶部 / 155
（二）通过技术分析方法发现顶部信号 / 156
（三）从成交量中发现大盘的底部 / 157
（四）如何确认底部形态 / 161
（五）确认底部形态的几大法则 / 162

三、通过上敲盘与下压盘分析大盘趋势 / 163

四、从高换手率中寻找热门股 / 164
（一）热门股的显著特征 / 164
（二）热门股的选择方法 / 164

五、利用成交量辨别牛股 / 165

六、从每笔成交数中寻找潜力股 / 166
（一）潜力股概念及其特征 / 166
（二）从每笔成交数中发现潜力股 / 167

七、从成交量中选择黑马股和强势股 / 168
（一）利用成交量寻找黑马股 / 168
（二）黑马股诞生前的特征 / 169
（三）利用量比排查法捕捉黑马股 / 170
（四）快速寻找强势股的方法 / 171
（五）利用换手率来研判强势股 / 172

【本章操作提示】 / 173

第六章 量价关系实战技巧

一、缩量时的买入技巧 / 176

（一）破解缩量之谜 / 176

（二）应对缩量的策略 / 177

二、缩量破位时的卖出技巧 / 179

（一）破解缩量破位之谜 / 179

（二）缩量破位时的应对策略 / 180

三、高位快速缩量时的操作技巧 / 180

（一）破解高位快速缩量之谜 / 180

（二）应对高位快速缩量的策略 / 181

四、高位放量破位时的操作技巧 / 181

（一）破解高位放量破位之谜 / 181

（二）应对高位放量破位的策略 / 182

五、放量涨停时的出货技巧 / 182

（一）破解放量涨停之谜 / 182

（二）应对放量涨停的策略 / 183

六、巨量阴阳时的逃顶技巧 / 183

（一）破解顶部巨量阴阳之谜 / 183

（二）应对巨量阴阳的策略 / 184

七、放量过头时的买入技巧 / 185

（一）破解放量过头之谜 / 185

（二）应对放量过头的策略 / 185

八、轻松过头时的操作技巧 / 186

（一）破解轻松过头形成之谜 / 186

（二）应对轻松过头的策略 / 188

【本章操作提示】 / 188

第七章 〽️ 提防成交量陷阱

一、提防久盘后突然放量突破的陷阱 / 192

（一）识破久盘后突然放量突破的动机 / 192

（二）久盘后突然放量突破的判断标准 / 192

（三）应对策略 / 194

二、防范缩量跌不深的陷阱 / 194

（一）识破缩量跌不深的陷阱 / 194

（二）应对策略 / 195

三、防范高送配除权后成交量放大的骗局 / 196

（一）高送配的概念 / 196

（二）除权的概念 / 197

（三）识破高送配除权后成交量放大的陷阱 / 198

四、防范对倒放量拉升的陷阱 / 199

（一）认识对倒放量拉升的过程 / 199

（二）应对策略 / 199

五、提防借利好放量大涨的陷阱 / 200

（一）了解借利好放量大涨的过程 / 200

（二）应对策略 / 200

六、通过成交量研判破解空头陷阱 / 202

（一）通过成交量研判空头市场中的陷阱 / 202

（二）应对空头陷阱的策略 / 203

七、防范业绩公告前成交量突然放大的陷阱　/ 204

（一）业绩公告前成交量陷阱解析　/ 204

（二）应对策略　/ 204

八、提防逆势放量上攻的陷阱　/ 205

（一）解析逆势放量上攻陷阱的形成过程　/ 205

（二）应对策略　/ 206

【本章操作提示】/ 206

参考文献　/ 209

第一章

量价关系基本知识

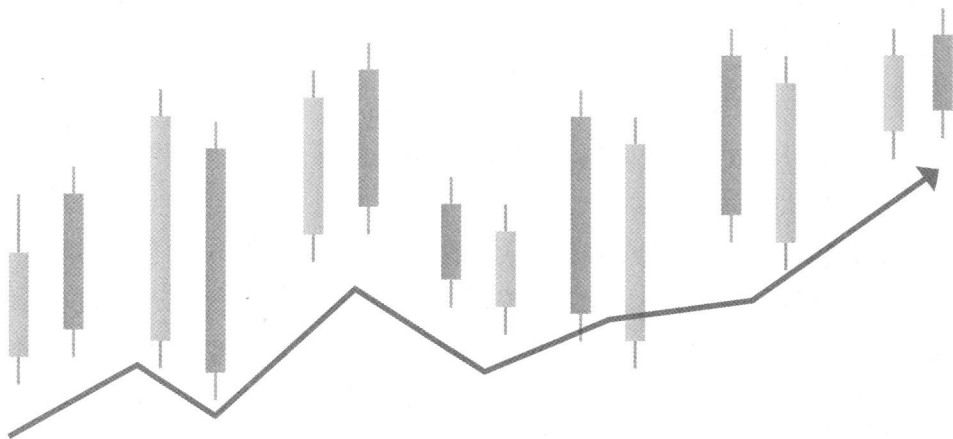

一、什么是成交量

成交量是指某只股票在某一时段所成交的资金量或股票数量。股市中的成交量为股票买卖双方达成交易的数量。它是一种供需的表现，当股票供不应求时，市场交投活跃，人们纷纷买进，成交量就会增大；反之，当股票供过于求时，市场冷淡，买家稀少，成交量就会下降。所以说，成交量是股市行情的"晴雨表"，它影响着股价的上升和下降。成交量也是股价的灵魂，股价上涨需要有成交量的推动。若股价上涨到高位出现放量，则表明行情或是将出现调整，或是已经结束。因此，成交量不仅可以推动行情的发展，还可以表明阶段行情的终结。

成交量有广义和狭义之分，广义的成交量包括成交股数、成交金额和换手率；狭义的成交量是指平时最常用的成交股数。成交量是判断股票走势的重要参数，对分析主力行为有着重要的参考价值。

（一）成交量的表达方式

成交量的表达方式主要包括成交股数、成交金额和换手率三种。

1. 成交股数

成交股数是大家最常见的指标，它主要从数据上给我们一个直观的印象。成交股数非常适合对个股成交量做纵向比较，即观察个股历史上放量、缩量的相对变化情况。它的最大缺点在于忽略了各只股票流通量大小的差别，难以确切反映出股票成交活跃的程度，无法对不同股票做横向比较，也不利于投资者掌握主力进出的程度。现如今在对个股进行研判的时候，最常用的指标仍旧是成交股数。

2. 成交金额

成交金额能够直接反映参与市场交易的资金量的多少。该指标没有计算公式，需要设置三条移动平均线，M1、M2、M3 的参数分别取 6、12、24。投资者常常用它来分析大盘，因为它排除了大盘中各种股票价格高低不等的干扰，通过对成交金额的研判，使大盘成交量具有纵向的可比性，股市的涨跌虽然不完全取决于资金，但没有资金却是万万不行的。通常所说的两市大盘上万亿的成交量就是指成交金额。图 1-1 通常按年 250 个交易日来算。

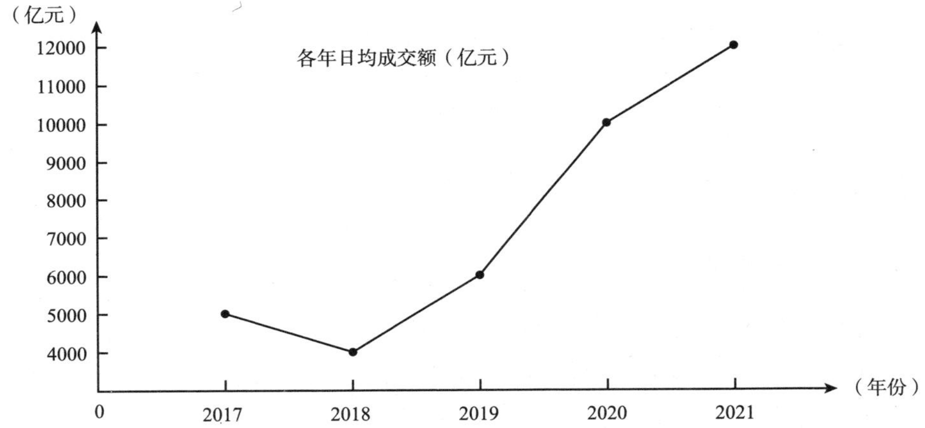

（亿元）

各年日均成交额（亿元）

图1-1　成交金额

3. 换手率

换手率也称周转率，指在一定时间内市场中股票转手买卖的频率，是反映股票流通性强弱的指标之一。其计算公式为：

换手率＝某一段时期内的成交量（股数）÷可流通总股数×100%

例如，某只股票在一个月内成交了 3000 万股，而该股票的总股本为 1 亿股，则该股票在这个月的换手率为 30%。换手率可以用来作为我们看指标图时固定运用的指标，相对来说比较客观，有利于横向比较，能准确反映个股的活跃程度和主力动态。换手率可以协助股民跟踪个股的活跃程度，找到"放量"与"缩量"的客观标准，判断其走势处于什么状态，特别是在主力进货和拉升阶段，换手率可以帮助我们估算主力的控筹量，如图 1-2 所示。流通市值的不断增加和换手率的重新上升，将直接提高券商的佣金收入。

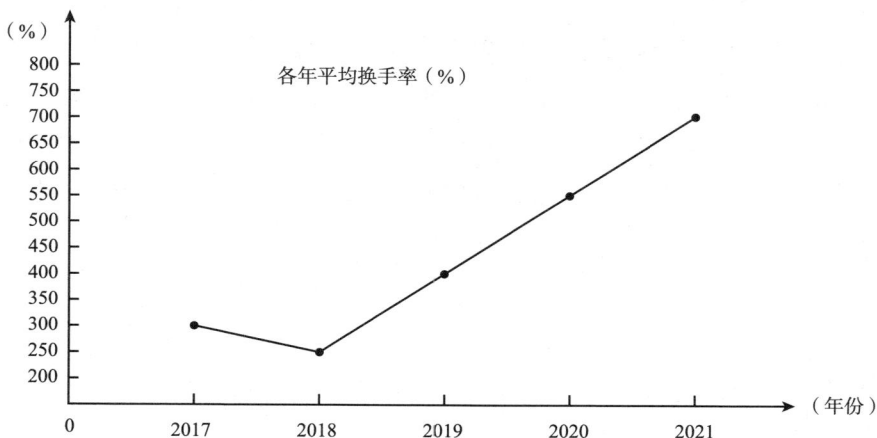

图1-2 换手率

（二）成交量的变化形态

有买、有卖才能达成交易，同理，在股市中，只有当一部分人看空后市，而另外一部分人看多后市，造成巨大的分歧而又各取所需时，才会实现成交的目标。成交量是影响市场的要素之一，投资者应该清楚成交量的变化形态所代表的市场意义。通常，成交量会呈现出以下一些变化形态。

1. 缩量

缩量一般是指市场里的投资者和机构看法大致一样，即大家都朝一个共同的方向看，有股票的不卖，没有股票的买不到，所以就没有量的产生。缩量又可以分为以下两种情况。

（1）投资者都对后市十分看好，只有人买，却没有人卖，于是出现了急剧缩量。

（2）投资者都十分看淡后市，造成的结果是只有人卖而没有人买，从而出现急剧缩量。

缩量一般发生在趋势的中期，在广大投资者对后市走势十分认同的情况下，在股价刚开始回调时，就可以先卖出，等回调时的量缩到一定阶段后，又开始放量上攻时再买入。同样的道理，每当遇到上涨缩量这种情况时，就应该坚决买进，坐等收益，等到价格上冲乏力，有巨量放出的关键时刻再考虑卖出。

2. 放量

放量是指成交量突然在很短的时间内急剧增加，例如，昨天的成交量是1亿手，今天却忽然变成了6亿手，这就是放量。放量一般发生在市场趋势的转折点处，表明市场各方力量对后市看法分歧逐渐加大，其中一部分投资者坚决看空后市，纷纷把家底甩出；另一部分投资者却对后市坚决看好，在大手笔购买。放量相对于缩量来说，其中有很大的操作空间，比如操盘主力可以利用手中的筹码大手笔对敲放出天量，投资者需要看清主力的意图。

3. 堆量

堆量反映的是健康的上涨形态，表现为成交量有序地温和放大。当主力意欲拉升股价时，常会把成交量做得非常完美，经过一段时间，股价慢慢抬高，成交量温和放大，并在近期的K线图上形成一个状似土堆的形状，"土堆"堆得越漂亮，就越有可能产生大行情；相反，在高位的堆量表明主力已在想方设法地准备出货了，此时，投资者应坚决退出，不要再幻想有利可图了。

4. 量不规则性放大和缩小

量不规则性放大和缩小一般是在没有突发利好或大盘基本稳定的前提下，一些所谓的"妖庄"的故意所为。风平浪静时突然放出空前巨量，随后又恢复平静，一般是实力不强的主力在吸引市场高度关注，以便达到其顺利出货的目的。

5. 突放巨量

突放巨量一般是指在股价的运行过程中，某一天突然放出巨大的成交量，通常当日放出的成交量至少是前一日的两倍以上。如果某只股票在平静多日后，在巨大的成交量支撑下往上冲，当天拉出阳线，给人的感觉好像是主力已经着手开始拉升股价了。但一般来说，上涨过程中放巨量通常代表多方的力量已经用尽，后市持续上涨的可能性不大；而下跌过程中的突放巨量一般多为空方力量的最后一次集中释放，后市连续深跌的可能性不会太大，短线的反弹可能就在眼前了。另一种情况是逆势放量，在市场上一片喊空之时，个股仍放量上攻，且升势显著。但是，这类个股通常只有短暂的行情，随后会出现连续下跌，许多在放量上攻那天跟进的投资者往往被套牢。

6. 地量

所谓"地量"是缩量的一种极端表现，其市场表现为交投不活跃，成交量也创出很长一段时间以来的最低水平，这说明了绝大部分投资者对市场后期走势的认同度非常高。这往往是因为市场人气十分低迷，交投极为不活跃，或者某只股票被主力机构高度控盘，其他人无法参与所致。地量大多出现在股价将要见到中长期底部之时，即地量的出现通常意味着中长线买进的时机到了。

7. 天量

所谓"天量"是放量的一种极端表现，代表着某只股票或整个市场当天巨大的成交量。天量一般与"突破"相关联，指市场交投非常活跃，成交量创出较长时期以来的最高水平，通常所说的天量上涨或天量下跌，都是表示股票价格或指数与前段时间走势拉开了较大的差距，预示着行情进入快速上升或下降通道以及形态反转的可能性增大。天量大多在股价上涨中期或中长期顶部以及有大利好或利空时出现。出现天量往往意味着短线卖出的时机已经来临。

二、什么是股价

股价即股票的交易价格，与股票的价值是相对的概念。股票价格通常是指股票在市场上出售的价格，它的具体价格及其波动受制于经济、政治、投资心理以及交易技术等因素。股票价格的真正含义是企业资产的价值。

股票价格又称为股票行市，即股票在证券市场上买卖的价格。股票价格通常可以分为两类，即股票的理论价格和股票的市场价格。

（一）股票的理论价格

在理论上，可以把股票的未来收益资本化，从而形成股票的理论价格。股票的理论价格是根据上市公司的业绩、市盈率以及市场的行情等信息计算出来的。由于受资金供求以及预期等因素的影响，股票的市场价格与股票的理论价格往往不一致，但理论价格是市场价格的基础，股票的市场价格反映的是现在这只股票的供求情况，只有理论价格高于市场价格，股价才能不断上涨。市场价格虽然时常和理论价格不相吻合，但通常不会偏离理论价格太远。股票的理论价格为预测股票市场价格的变化趋势提供了重要的依据，也是股票市场价格形成的一个基础性因素。股票的理论价格的计算公式如下：

$$股票的理论价格＝股息÷银行利率$$

例如，某只股票每年股息为 3 元，银行年利率为 3%，则该股的理论价格为 100 元（3÷3%）。再如，某只股票在 2021 年的股息是 10 派 1.344 元，也就是每股股息为 0.1344 元，银行年利率约为 3%，则该股的理论价格是 4.48 元（0.1344÷3%）。

（二）股票的市场价格

股票的市场价格一般是指股票在二级市场上买卖的价格。股票市场可分为流通市场和发行市场两个环节，所以，股票的市场价格也分为流通价格和发行价格两种。其计算公式是：

$$股票的市场价格＝股票的预期收益÷市场利率$$

1. 股票的发行价格

股票的发行价格是指股份有限公司出售新股票的价格，通常由发行公司、证券承销商共同议定（在确定股票发行价格时，既可以按票面金额确定，也可以按超过票面金额确定，但通常不得以低于票面金额的价格发行）。考虑到诸多因素影响股票的发行价格（如利率、股息、流通市场的股票价格等，都会对股票的发行价格产生或多或少的影响），所以，股票的发行价格要遵循以下计算方式：

$$股票的发行价格＝市盈率还原值×40\%＋股息还原率×20\%＋$$
$$每股净值×20\%＋预计当年股息与一年期存款利率还原值×20\%$$

当股票发行公司计划发行股票时，就需要根据不同情况，确定一个发行价格以推销股票。一般来说，股票的发行价格有以下四种情况。

（1）面值发行，是指以股票的票面金额为发行价格。

（2）时价发行，是指以流通市场上的股票价格（即时价）为基础来确定发行价格，而不是以票面金额发行。

（3）中间价发行，是指股票的发行价格取之于票面金额和市场价格的中间值。

（4）折价发行，是指发行价格不到票面的金额，是打了折扣的。由于各国规定股票的发行价格不得低于其票面金额，因此，这种折价发行需经过许可方能实行。

2. 股票的流通价格

真正意义上的股票流通价格，是指股票在流通市场上的价格。一般称为股票行市或股票市价。股票市价又表现为多种形式，有开盘价、收盘价、最高价、最低价等，其中，收盘价非常具有应用价值，充分把握和理解收盘价对分析股市行情来说，起着至关重要的作用。

三、如何看分时走势图

（一）认识分时走势图

分时走势图是指大盘或个股的动态实时（即时）分时走势图，其在实战研判中的作用非常重要，是即时把握多空力量转化的衡量指标。先介绍一下概念性的基础常识，以帮助大家更好地理解和分析分时走势图。

1. 有关大盘指数即时分时走势图的解析

（1）白色曲线：表示大盘加权指数，指交易所每天公布的大盘实际指数。

（2）黄色曲线：表示大盘不含加权的指标，在不考虑股票流通盘大小的情况下，将所有股票对指数的影响都看作相同的前提下计算出来的大盘指数。

根据白黄两条曲线的相互位置可以得出两条结论：第一，当大盘指数上涨时，若黄线在白线之上，则表示流通盘较小的股票涨幅较大；反之，若黄线在白线之下，则说明流通盘小的股票涨幅落后于流通市值大的股票。第二，当大盘指数下跌时，若黄线在白线之上，则表示流通盘较小的股票跌幅小于流通市值大的股票；反之，若黄线在白线之下，则表示流通盘小的股票跌幅大于流通盘大的股票跌幅。

（3）红绿柱状线：在黄白两条曲线附近有红绿柱状线，是反映大盘即时买盘与卖盘在数量上的比率。红色柱状线的长短表示上涨买盘力量的强弱，绿柱状线的长短表示下跌卖盘力度的强弱。

（4）黄色柱状线：位于黄白曲线图下方，用来表示每一分钟的成交量，单位是手（每手等于 100 股）。

（5）委买委卖手数：代表即时所有股票买入委托下三档和卖出上三档手数相加的总和。

（6）委比数值：表示委买委卖手数之差与之和的比值。当委比数值为正值的时候，表示买方力量较强，股指上涨的概率大；当委比数值为负值的时候，表示卖方的力量较强，股指下跌的概率较大。

2. 有关个股即时分时走势图的解析

（1）白色曲线：表示该种股票实时成交的价格。

（2）黄色曲线：表示该种股票实时成交的平均价格，即当天成交总金额除以成交总股数。

（3）黄色柱状线：位于黄白曲线图下方，用来表示每一分钟的成交量。

（4）成交明细：位于盘面的右下方，用于显示动态每笔成交的价格和手数。

（5）外盘、内盘：外盘又称主动性买盘，也就是成交价在卖出挂单价的累积成交量。内盘即主动性卖盘，也就是成交价在买入挂单价的累积成交量。外盘反映的是买方的意愿，内盘反映的是卖方的意愿。

（6）量比：是指当天成交总手数与近 5 日平均成交手数的比值，具体的计算公式如下：

量比＝现在总手数÷[（5日平均总手数÷240）×开盘时间（分钟）]

当量比大于1时，说明当日每分钟的平均成交量大于过去5日的平均值，交易比过去5日火爆；当量比小于1时，说明当日成交量小于过去5日的平均水平。

（7）均线：一般来说，黄色代表的是5日均线；紫色代表的是10日均线；绿色代表的是20日均线；白色代表的是30日均线；蓝色代表的是120日均线，也称为半年线；红色代表的是250日均线，也称为年线。大部分股票软件都是这样规定的，具体可以参看界面上方的字，比如，用黄色字体标示"MA5 6.08"，这就表示5日均线的价格位置为6.08，其余依此类推。

（二）认识K线

K线理论是一种古老的技术分析方法，它发源于日本，具有东方人所擅长的形象思维特点，没有西方人用演绎法得出的技术指标那样定量，因此运用时还是有一定的主观性。面对形形色色的K线组合，可以通过以下三种方式来进行观察。

1. 看阴阳

阳线表示上涨，阴线表示下跌，它们代表的是趋势方向。以阳线为例，在经过一段时间的多空博弈后，收盘价高于开盘价表明多头占据上风，根据牛顿力学定理，在没有外力作用下价格仍将按原有的方向与速度运行，所以，阳线意味着股价的下一阶段仍将呈现上涨行情，至少在下一阶段的初期股价能继续上冲。这一点也极为符合技术分析中三大假设之一的股价沿趋势波动，而这种顺势而为也是技术分析最核心的思想。同样道理，可以推知当阴线出现时，将会发生下跌，在上升途中出现大阴线，后市下跌趋势会很快形成，此时短线投资者应及时抛出，避免资金损失。

2. 看实体大小

实体大小一般代表股票内在动力的强弱。实体越大，则上涨或下跌的趋势越明显；反之，则趋势越不明显。以阳线为例，其实体就是收盘价高于开盘价的部分，阳线实体越大说明上涨的动力越足，其内在上涨的动力也越大，其上涨的动力大于实体小的阳线。同样道理，可以得知当阴线实体越大时，其股价的下跌动力也就越大。

3. 看影线长短

影线代表的是转折信号，向一个方向的影线越长，股价越不利于向这个方向变动，也就是说，上影线越长，越不利于股价上涨；下影线越长，股价越不容易下跌。以上影线为例，在经过一段时间的多空双方博弈之后，多头最终还是败下阵来，不论 K 线是阴线还是阳线，上影线部分已构成下一阶段的上档阻力，股价向下调整的概率变大。同样道理，可以推知下影线预示着股价向上攻击的概率变大。下面介绍一些看 K 线图时必备的常识。

（1）K 线是根据股价（指数）一天的走势中形成的四个价位，即开盘价、收盘价、最高价、最低价绘制而成的。如图 1-3 所示。

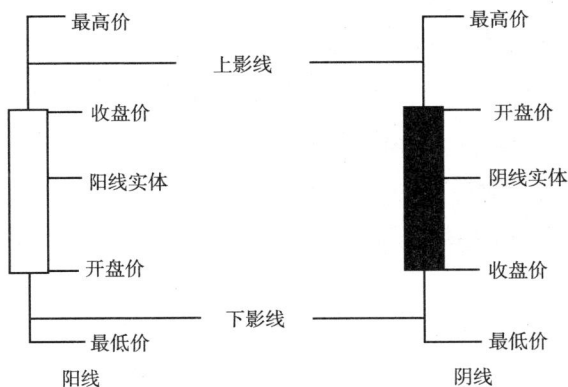

图1-3 阳线与阴线

当收盘价高于开盘价时，两者之间形成的长方柱用红色或空心绘出，称为阳线，其上影线的最高点为最高价，下影线的最低点为最低价；当收盘价低于开盘价时，两者之间的长方柱用黑色或实心绘出，称为阴线，其上影线的最高点为最高价，下影线的最低点为最低价。

（2）根据 K 线的计算周期，我们可以将其分为日 K 线、周 K 线、月 K 线和年 K 线。

周 K 线通常是指以周一的开盘价、周五的收盘价以及全周最高价和全周最低价来绘制的 K 线图；而月 K 线图是指以一个月的第一个交易日的开盘价和最后一个交易日的收盘价以及全月最高价与全月最低价来绘制的 K

线图，同理，我们可以推出年K线的定义和绘制方法。周K线和月K线通常用来研判中期行情。对于短线操作者来说，众多分析软件提供的5分钟K线图、15分钟K线图、30分钟K线图和60分钟K线图也具有十分重要的参考价值。

（3）根据开盘价和收盘价的波动范围，可将K线分为极阴线、极阳线、小阴线、小阳线、中阴线、中阳线和大阴线、大阳线。它们的波动范围是：极阴线和极阳线的波动范围一般在0.5%左右；小阴线和小阳线的波动范围一般在0.6%～1.5%；中阴线和中阳线的波动范围一般在1.6%～3.5%；大阴线和大阳线的波动范围一般在3.6%以上。

（4）分时走势图记录了股价的全天走势，不同的走势形成了不同种类的K线，同一种K线却因股价走势不同而具有不同的含义。下面具体介绍一下各种典型的K线的具体形成过程及其含义。

①小阳星。小阳星说明在全天中股价波动很小，开盘价与收盘价极其接近，收盘价略高于开盘价。小阳星的出现，意味着行情正处于趋势不太明朗的阶段，因此，无法对后市的涨跌进行准确预估。此时，应结合其前期K线组合的形态以及当时所处的价位区域进行综合研判。如图1-4所示。

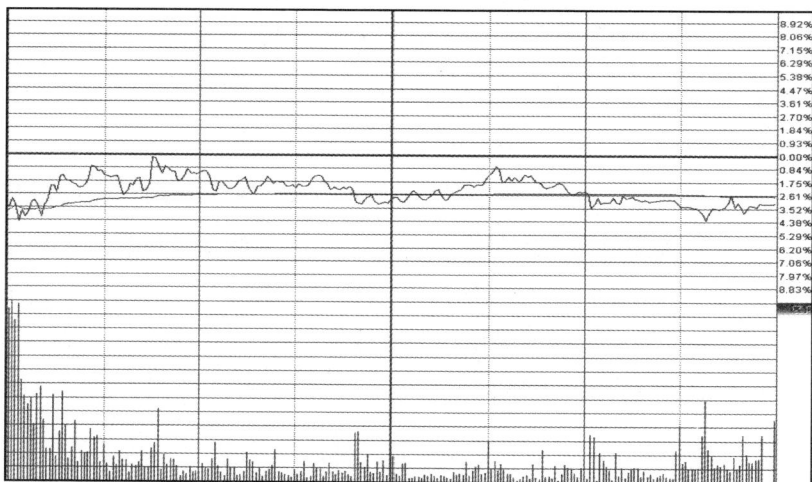

图1-4　小阳星

②小阴星。小阴星的分时走势图和小阳星的分时走势图十分相似，只不

过小阴星的收盘价略低于开盘价而已。这表明股价的发展方向不太明朗。如图1-5所示。

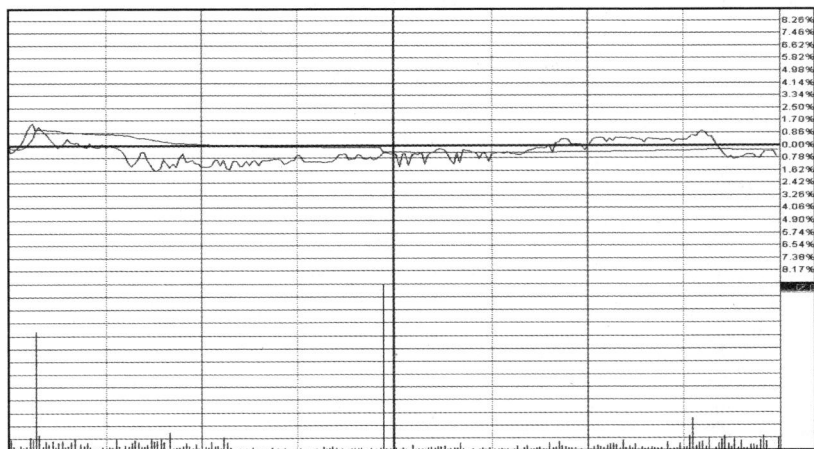

图1-5　小阴星

③小阳线。小阳线的波动范围较小阳星大，多头稍占上风，但上攻仍然十分乏力，表明行情发展趋势扑朔迷离。如图1-6所示。

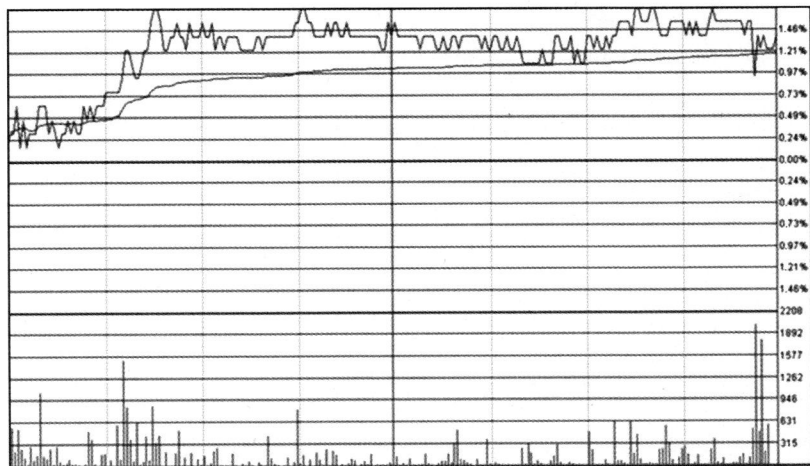

图1-6　小阳线

④上吊阳线。股价高档开盘，买方获利了结，使得股价回落，低位又逢有力承接，股价再度上升而形成下影线，且为实体的3倍以上。在低价区域出现

上吊阳线，且成交量在股价探底过程中出现萎缩，然后随着股价的不断上涨呈现出均匀放大的态势，后市股价看涨；在高价区域出现上吊阳线，很可能是主力在拉高出货，此时，投资者需要提高警惕，谨防操作失误。如图1-7所示。

图1-7　上吊阳线

⑤下影阳线。K线实体下方有一条较长下影的阳线称为下影阳线。当下影阳线出现时，表明多空交战中多方的攻击力度沉稳有力，股价先跌后涨，行情还有进一步上涨的空间。如图1-8所示。

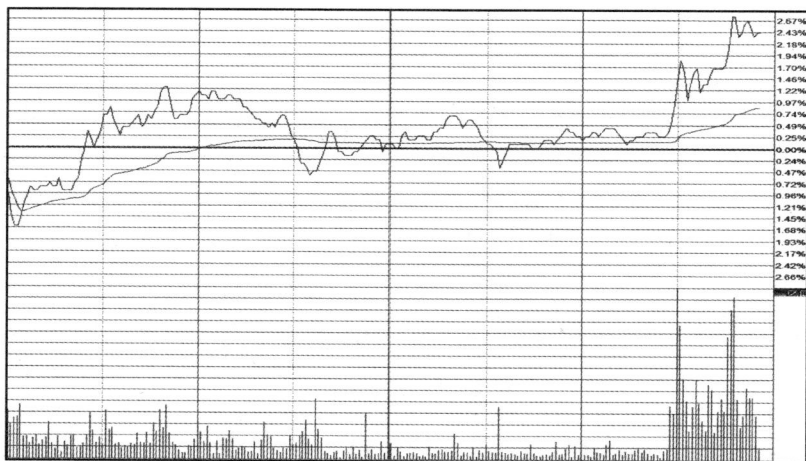

图1-8　下影阳线

⑥上影阳线。上影阳线表示多方攻击时上方抛压沉重，这种图形常见于主力的试盘动作，说明此时浮动筹码较多，涨势较弱。如图1-9所示。

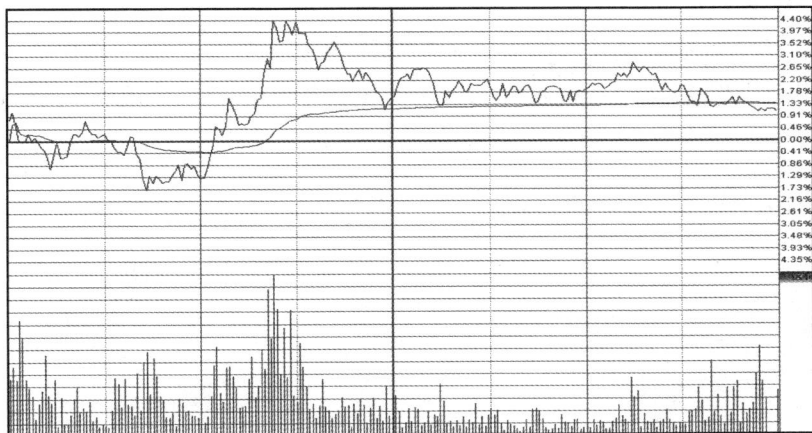

图1-9 上影阳线

四、成交量与股价的变动关系

股价的涨跌和成交量之间有着密切的关系，量价关系的基本原理是"量是因，价是果；量在先，价在后"，也就是说成交量是股价变动的内在动力。由此，我们整理出了多种量价关系的规则，用这些规则来指导具体的投资可达到事半功倍的效果。下面我们就为大家详细解读量价之间的关系，为中小投资者在实际操作中提供一定的参考。

（一）量增价涨

量增价涨，一般是指个股在成交量增加的同时，股价也随之同步上涨的一种量价配合现象。当股价处在多头格局中，成交量随着股价的不断上升而逐渐放大，这是市场的正常行为，称为量增价涨或量价齐扬。

量增价涨大多数出现在上升行情的初期，也有少数是出现在上升行情的中期。经过较长时间的一轮下跌和底部盘整后，市场中逐渐出现了诸多的利好因素，这些利好因素增强了投资者的信心，随着成交量的不断放大和股价的同步持续上升，股价走势呈现出量增价涨的态势，这种量价之间的良好配合形态，对未来股价的进一步上扬形成了坚实而有力的支撑。如图1-10所示。

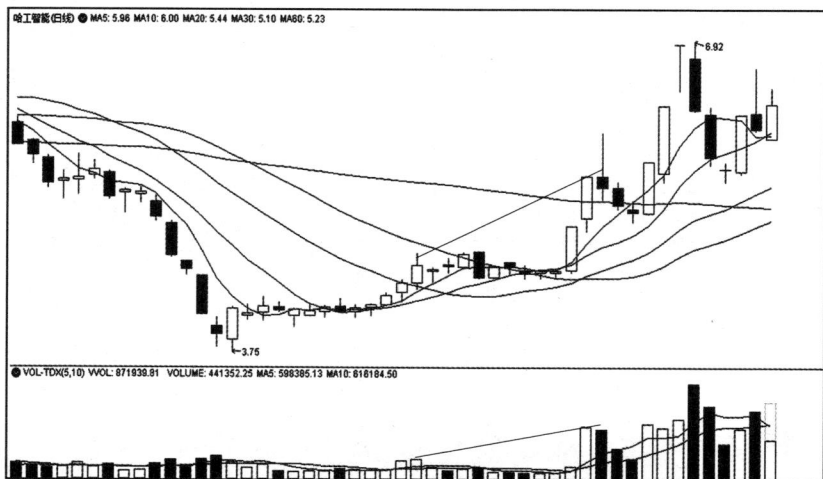

图1-10　量增价涨走势图

（二）量增价平

量增价平，一般是指个股在成交量不断增加的情况下，股价既没有上升也没有下跌，而是维持在一定的价位水平波动的一种量价配合走势。量增价平既可能出现在下跌行情的各个阶段之中，也可能出现在上升行情的各个阶段。同时，它既可以作为卖出股票的信号，也可以作为买入股票的信号。区分买卖信号的重要特征是要判断量增价平中的"价"是高还是低，通常有以下两种情况。

（1）股价在经过一段时间的上涨后，处于相对高价位区时，成交量仍在增加，而股价却没有继续上扬，呈现出高位量增价平的现象，这种股价高位放量滞涨的走势，说明市场主力在维持股价不变的情况下，可能在出货。所以，高位的量增价平是一种顶部反转的征兆，接下来股价有可能掉头向下运行，此时投资者应该注意风险。如图1-11所示。

图1-11 高位量增价平走势图

（2）股价在经过一段比较长时间的下跌后，处在低价位区时，成交量开始持续放大，而股价却没有随之上扬，出现低位量增价平的现象，这种走势可能预示着有新的主力资金在打压建仓。接下来股价若在成交量的有效配合下反转向上运行，则表明股价的底部已经形成。如图1-12所示。

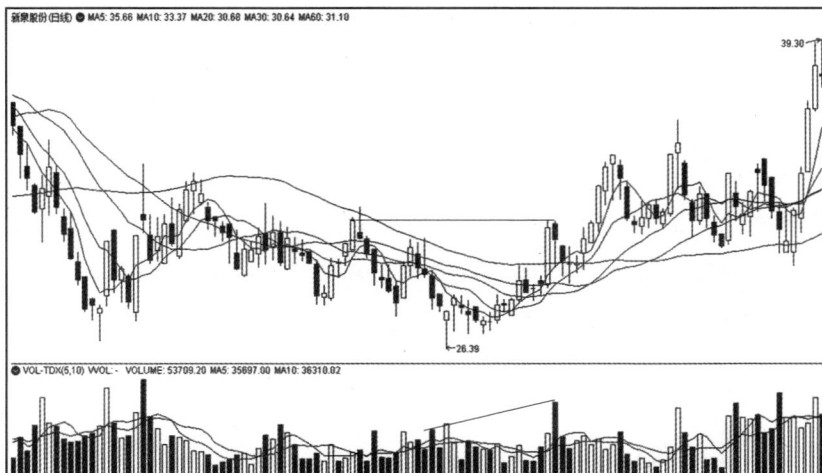

图1-12 低位量增价平走势图

（三）量增价跌

量增价跌，是指股票价格在不断下跌的情况下，成交量反而呈现出不断上升的态势。这说明股票价格的下跌得到成交量的有效配合，大部分投资者因对后市看淡而纷纷斩仓离场，甚至出现恐慌性抛售，价格急剧下跌，此时也要慎重对待极度恐慌的"杀跌"，此时的投资者应以离场观望为主。尤其是在趋势逆转为跌势的初期出现量增价跌的现象，投资者应该果断清仓出局。如图1-13所示。但在连续下跌一段时间后，出现股价微跌成交量却呈现激增，这可视为短期底部，后期有望出现反弹，投资者应适当关注。

图1-13　量增价跌走势图

（四）量平价升

量平价升，是指个股在成交量保持变化不大的情况下，股价走势却持续上升的一种量价配合关系，此时的投资者可以继续持有股票。属于量平价升的个股往往能持续上涨，此时可以适当参与。如图1-14所示。

（五）量平价跌

量平价跌，是指个股的成交量保持在某一水平变化不大，股价出现迅速下跌的一种量价配合现象。在下降趋势中，量平价跌是一种卖出的信号，此时投资者应该坚定及早卖出的决心。通常，量平价跌的走势多发生在多头回调整理、空头初跌段、空头主跌段、空头盘整反弹与空头末跌段等行情中。

图1-14 量平价升走势图

通常，量平价跌代表当时的趋势为盘跌走势，且该走势暂时不会产生变化。若量平价跌出现在较高层级的上涨趋势中，则表明有散户在退出，回档幅度不会太深，在散户退出后主力补量就能延续原来的上涨趋势。反之，股价本就处在下跌趋势中，再出现价跌，代表散户在持续卖出，股价将持续盘跌，这种现象通常出现在主力出货结束后，只有散户盘在交易。如图 1-15 所示。

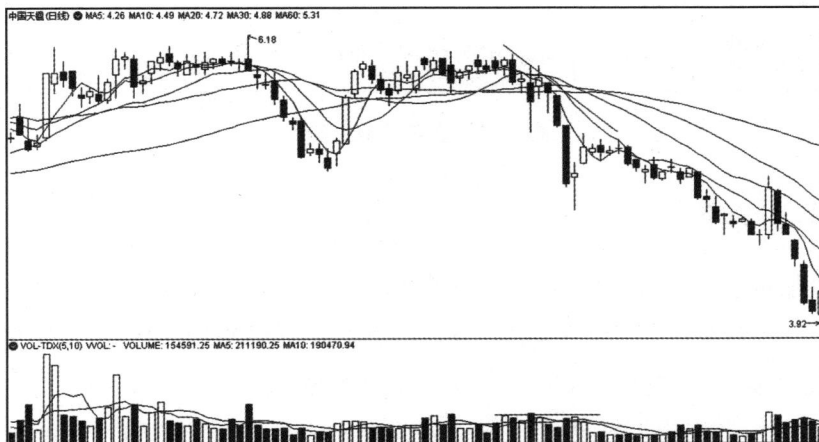

图1-15 量平价跌走势图

（六）量缩价涨

量缩价涨，是指个股在成交量不断减少的情况下，股价却呈现出继续上涨的一种量价关系，此时，投资者应持股观望。量缩价涨大多出现在上升行情的末期，偶尔也会出现在下跌行情的反弹过程中，有时在上涨初期也会出现量缩价涨的现象。

在连续的上升行情中，出现适度的量缩价涨态势，表明主力控盘程度较高，大量的流通筹码被主力锁定。量缩价涨毕竟是一种量价背离的走势，所以，在接下来的上升过程中，如果再次出现成交量放大的现象，这很可能是主力在高位出货所致。如图1-16所示。

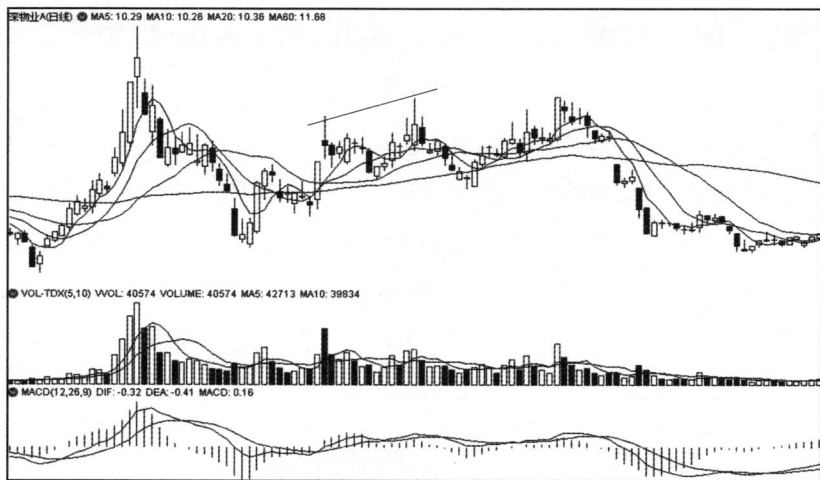

图1-16 量缩价涨走势图

（七）量缩价跌

量缩价跌，一般是指股价跟随成交量的减少而同步下跌的一种量价配合现象。量缩价跌是量价关系的常态，代表股价与量能的方向同步。量缩价跌现象既可能出现在上升行情的中期，也可能出现在下跌行情的中期。在上升行情中，当股价上升到一定阶段后，市场成交量开始萎缩，股价也随之小幅下跌，出现量缩价跌现象，这是对前期上升行情的一个调整过程。如

图 1-17 所示。在下跌行情中，当股价开始从高位下跌后，市场预期普遍看淡，一部分获利的投资者纷纷出逃，大多数投资者选择持币观望，市场承接乏力，成交量出现萎缩，预示股价仍将继续下跌（图 1-18）。

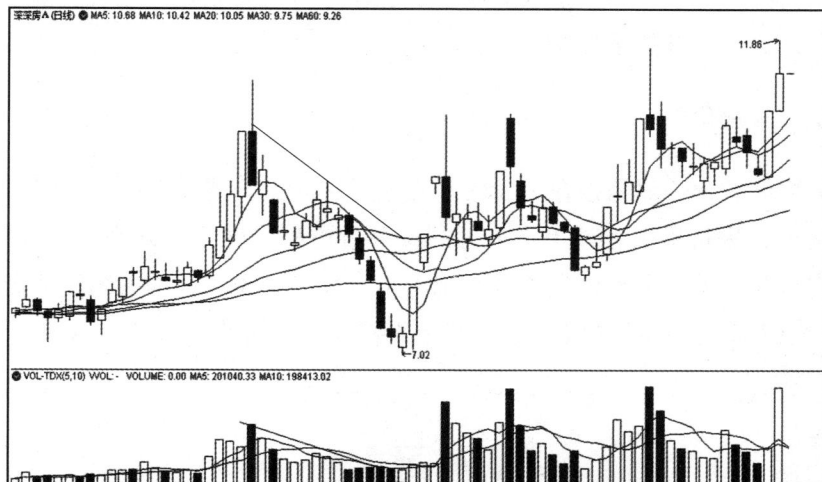

图1-17　上升行情中的量缩价跌走势图

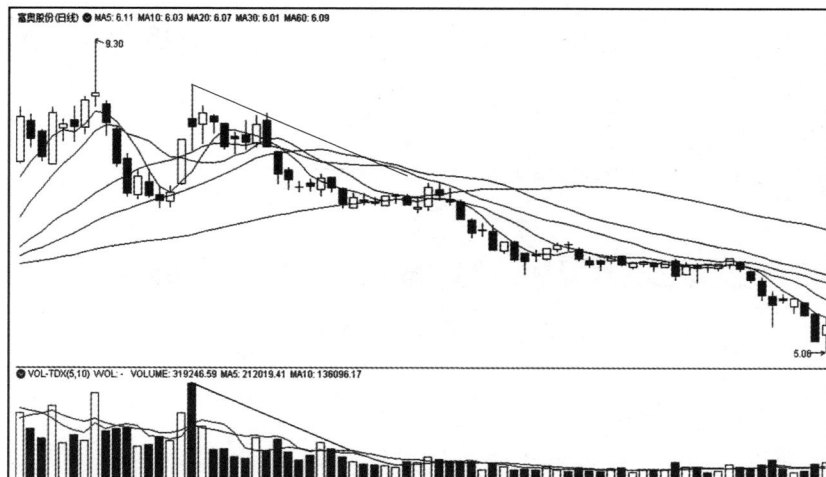

图1-18　下跌行情中的量缩价跌走势图

上升行情中的量缩价跌，表现出了市场中的惜售心理，说明这只是市场的一次主动回调整理，后市股价还将继续上涨，因而，投资者可以持股待涨或逢低介入。但在上升行情中价跌的幅度不能过大，否则可能是主力在不计成本出货的征兆。下跌行情中的量缩价跌，如图 1-18 所示，表明投资者在出货以后不再做空头回补，股价还将继续下跌，此时投资者应以持币观望为主。如果在低位区域出现凹洞量或支撑量这些特殊的量能形态，并紧接着出现盘底形态，此时投资者可以考虑逢低买入。

（八）量缩价平

量缩价平，一般是指在个股的成交量显著减少的情况下，股价经过一段上涨之后，进行横向整理不再上升的一种量价配合现象，此为出货的信号。在这个阶段，如果突发巨量或者出现天量，并且拉出了一根大阳线或者大阴线，无论有无利好还是利空消息，投资者都应果断离场。如图 1-19 所示。

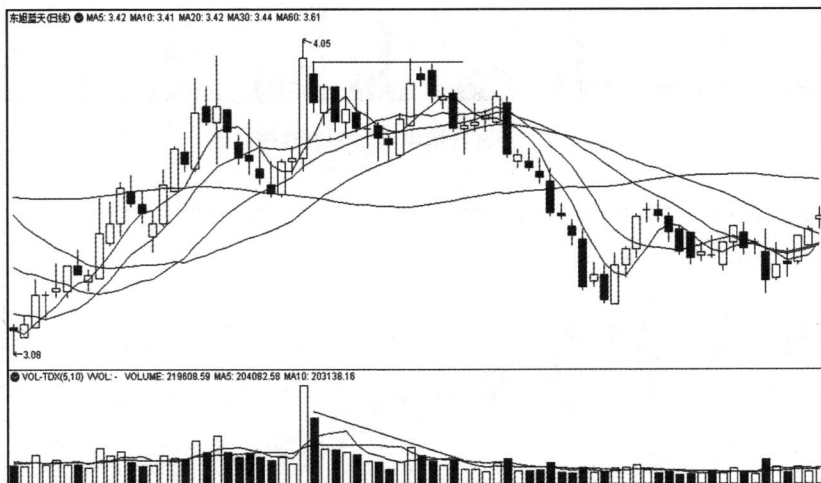

图1-19　量缩价平走势图

五、量价关系在大盘中的应用

量价关系是研判个股及大盘的主要条件之一，量增价涨以及量缩价跌是一般规律。然而在不同阶段的量价关系有不同的表现形态，这在研判个股及大盘走势上尤为重要。正确分析不同阶段的量价关系是准确研判个股及大盘走势的正确方法和重要手段，也是进行实战操作策略的根本依据。所以，投资者要想在大盘中准确地把握量价关系，就必须了解以下几个方面的知识。

（一）大盘股指下跌的三种趋向

（1）股指经过长期的下跌，形成谷底后并回升，然而成交量并没有因为股指的上涨而递增，从而造成股指上涨乏力，此后再次跌落至先前谷底附近或略高于谷底处。此刻，若第二谷底的成交量低于第一谷底，便是股指上涨的征兆。

（2）股指向下跌破移动平均线或趋势线，同时出现大的成交量，这是股指下跌的先兆，表明趋势将要反转形成空头市场。

（3）当股指经过一段相当长时间的下跌后，市场上可能会出现恐慌性卖出，随着不断扩大的成交量，股指仍将大幅度下跌；继保持恐慌性卖出态势之后，预计不久股指可能上涨，同时恐慌性卖出所创的新低指数将不可能在极短的时间内被跌破。恐慌性卖出结束后，常常是空头的终结。

（二）大盘企稳的信号特征

如果市场行情持续上涨较长时间后，突然出现急剧增加的成交量，而股指却上涨不明显，在高位持续盘整，无力再向上大幅上涨，显示股指在高位的卖压更加沉重，从而造成股指下跌。股指高位回调，经过连续下跌之后，在低位出现大的成交量，股指却没有进一步下跌，指数变化不大，此刻是进货的良好时机。

（三）大盘趋势反转的两种情况

（1）大盘股指先表现为随着缓慢递增的成交量而不断上涨，此后走势突然成为垂直上升的喷发行情，成交量急剧增加，股指暴涨。紧随着此波走势而来的是成交量大幅度萎缩，同时伴随股指的急速下跌。这种现象证明涨势已到末期，股指上涨乏力，走势力竭，表现出趋势反转的迹象。

（2）如果在一波涨势中，股指随着递增的成交量而上涨，突破前一波的高峰，创下新高后继续上涨，但此波段股指上涨的过程中成交量水准却低于前一波段上涨的成交量水准，没能突破创出新高，则对于此波段的股指涨势应持怀疑态度，这很可能是趋势潜在的反转信号特征。

（四）大盘的"量实价虚"之说

一般来说，当成交量增加时，股指迟早会跟上来；当股指不断上升而成交量不增加的时候，股指迟早会降下来的。从以上分析可知，股指往往为虚，只有成交量才是真实有效的指标，在大盘中，成交量是股指的先行指标。

（五）时间的重要性

在大盘走势的运行过程中，时间在进行行情推断方面所起的作用是非常重要的。一个已经形成的股市行情趋势走向在短时间内一般不会发生根本性的改变，中途出现的反方向波动对原来趋势走向不会产生大的影响。但趋势不可能永远不变，经过一定时间的纠缠将会有新的趋势出现。循环周期理论着重强调的就是时间的重要性。从空间的某种意义上讲，可以认为是价格的波动能够达到的极限。

（六）大盘的其他趋向走势

股指随着成交量的不断递增而上涨，是市场行情良好的特性。此种量增价涨关系，表明股指还将继续上升。若股指随着成交量的递减而回升，即股指上涨，成交量却逐渐减少，则表明股指走向将出现反转。

六、涨跌停板下的量价关系

涨跌停板是指在证券市场的交易活动中，当天股价涨跌的最高或最低限度，涨停板或者跌停板时的股价叫作涨停板价或者跌停板价。

我国证券市场现行的涨跌停板制度是 1996 年 12 月 26 日开始实施的，旨在保护广大投资者利益，保持市场稳定，进一步推进市场的规范化。制度规定，除上市首日之外，股票（含 A 股、B 股）、基金类证券在一个交易日内的最大涨跌幅度不得超过 10%（以 ST、*ST 开头的股票不得超过 5%），超过涨跌限价的委托视为无效委托。自 2020 年 9 月开始，创业板实施注册制改革，即创业板上市新股票前 5 个交易日不设涨跌幅限制，第 6 个交易日实施 20% 的涨跌幅限制。

涨跌停板制度限制了股价一天的涨跌幅度，多空的能量无法得到彻底释放，容易形成单边市（所谓单边市就是指出现只上不下或者只下不上的一段行情）。一般来说，开市就封涨停的股票势头较猛，只要当日涨停板没被打开，次日仍然有上冲的动力，对于尾盘突然拉至涨停的股票，主力很有可能在次日做出出货或骗线的举动，中小投资者应该多加小心。

（一）涨跌停板下量价关系的判断标准

在涨跌停板下，量价分析的判断标准一般有以下四种情况。

（1）如果涨停时的成交量较小，则股价将继续上扬；如果跌停时的成交量较小，则股价将继续保持下跌。

（2）跌停的时间越早，后市继续下跌的可能性就越大；涨停的时间越早，后市继续上涨的可能性就越大。

（3）涨停中途被打开的次数越多、时间越久、成交量越大，则反转下跌的可能性就越大；同理，跌停中途被打开的次数越多、时间越久、成交量越大，则反转上升的可能性就越大。

（4）封住涨停板的买盘数量大小和封住跌停板时的卖盘数量大小说明买卖盘力量的大小，这个数量越大，则股价继续当前走势的可能性就越大，后续涨跌幅度也就越大。

在实际操作中，有些投资者以涨停价追买，此时主力撤走买单填卖单，自然就会成交。当买盘消耗得差不多时，主力又填买单挂在涨停价位处，以进一步诱多；当散户又追入时，主力又撤买单再填卖单……如此反复操作，以达到高挂买单虚张声势诱惑更多的投资者进场，然后在不知不觉中高位出货的目的。

反之，如果主力想买，就会先以巨量在跌停价位处挂卖单，吓出大量持股者，随后主力悄悄撤掉原先的卖单填写买单，吸纳抛盘；当抛盘吸纳得差不多时，主力又抛巨量在跌停板价位处再次恐吓持筹者，以便继续吸纳……如此反复。由于在此种情形下，巨额买卖单大部分是虚的，因此不足以作为判断后市继续先前态势的科学依据。判断虚实的根据有是否存在频繁挂单、撤单行为，涨跌停是否经常被打开，当日成交量是否很大等。如果答案是肯定的，那么这些成交量必为虚假，从而可依据上面的四种情况得出正确的结论。

（二）量价关系的对比

（1）大部分投资者都存在追涨杀跌的意愿，而涨跌停板制度下的涨跌幅度比较明确，在股票接近涨幅或跌幅限制时，许多投资者都经不起诱惑，挺身追高或杀跌，造成涨时助涨、跌时助跌的情况。而且，涨跌停板的幅度越小，这种现象就越明显。比如，目前在沪、深证券市场中 ST 板块的涨幅度由于限制在 5%，因而它也存在一定的投机性，涨时助涨、跌时助跌的现象尤为明显。

（2）一般情况下，如果量缩价跌说明空方惜售，抛压较轻，后市可看好；若价跌量增，则表示跌势的形成或继续，应持币观望或卖出手中筹码。但在涨跌停板制度下若出现跌停，买方寄希望于次日以更低价买入，结果在缺少买盘的情况下成交量减小，跌势反而不止；反之，如果跌停中途曾被打开，成交量放大，说明有主动性买盘介入，股价有望止跌企稳。

（3）对于一般情况下的成交量来说，若出现价升量增，说明价量配合很好，后市看多，投资者可以追涨或继续持股；若股价上涨时成交量不能有效放大，说明投资者追高意愿不强，涨势难以持久，应持币观望或抛出手中个股。但在涨跌停板制度下，如果某只股票在涨跌停板时没有成交量配合，说明卖方目标更高，不愿意以此价抛出，导致买方买不到，所以才没有成交量；第二天，投资者会继续追买，因而会出现继续上涨的趋势；然而，若涨停中途被打开，成交量放大，则说明想卖出的投资者增加，买卖力量发生了变化，股价冲高回落将成为事实。

七、成交量认识上的误区

实战经验不足的股民普遍认为，股价的上涨和下跌主要是由供求关系决定的，成交量增大，股价就会上涨；成交量萎缩，股价就会下跌。从理论上讲，这种认识是符合常规的，但在实际操作过程中，仅仅根据这些理论来研判股价的走势往往会使投资者蒙受损失，甚至亏得血本无归。具体来说，投资者对于成交量的认识主要存在以下误区。

（一）本末倒置量价之间的关系

"量为价先"，这也许是广大股民朋友最常听到的一句话，这句话实际上放大了成交量在分析中的绝对作用。事实上，应该是"先有价，后有量"，趋势分析才是最重要的，成交量只是其中一个较为重要的因素之一，不起决定性的作用。如果仅凭成交量的分析来进行投资是无法对股价中长期趋势做出准确判断的。

股票成交量的大小，反映的是该股对市场的吸引程度。当更多的人或更多的资金对股票未来看好时，他们就会投入资金，推动股价上涨；当更多的人或资金不看好股票未来时，他们就会卖出手中的股票，从而引起价格下跌。但是无论如何，这是一个相对的过程，也就是说，不会是所有的人对股票一致看好或看坏。股票处于不同的价格区域，看好的人与看淡的人在数量上会产生变化。

比如，市场上现在有120个人参与交易，某股票的价格在15元时有90个人看好，当这90个人都买进后，价格出现上升；股价上涨到25元时，一开始买入的人中有40个人认为价格不会继续上升，因此卖出股票；而最初看跌的30个人改变了观点，认为价格还会上升，这时，出现了供求关系不平衡，卖出的有40人，买入的只有30人，则价格出现下跌。此刻，看好、看淡的人数会重新组合并影响下一步的股价走势。

（二）只对某一时点的成交量进行分析

要把握成交量所反映的盘面信息，仅仅对某一个时点、某一天的成交量进行分析是不周密的，也是片面的。我们不但要看成交量，而且要结合股价的运行轨迹，对成交量在股价的上涨趋势中和下跌趋势中的表现做出一个综合评价，这样才能更好地指导实际操作。

（三）只用成交量来进行大盘分析

在日常生活中，投资者经常可以听到或看到有关用成交量对大盘做出的分析判断——"因为成交量不足，大盘上升空间有限……"这句话实际上是在误导投资者，把个股成交量的分析方法和大盘成交量的分析方法混为一谈。实际上仅仅根据成交量，并不能判断价格趋势的变化，至少还要有价格来确认。成交量是影响价格变化的一个重要因素，也是一个可能引起价格发生本质变动的因素，但是在大多数时候，成交量只起到催化剂的作用。成交量向来都只是用来分析大盘趋势的次要因素，而指标股、领涨或领跌的板块（或个股）等市场热点才是影响大盘趋势的关键要素。比如，2021年的一段熊市行情，由于证券板块的领跌，引发了一波长达半年之久的下跌行情。

（四）片面认为只要股价上涨就要放量

很多中小投资者总是单纯地认为，只要股价上涨，成交量就会跟着放量，于是得出以下结论：在股价上涨的过程中，成交量必然是增多的，只有这样才能支撑股价继续攀升，否则就是无量上涨，而无量上涨的行情是不会持久的。

从一般的量价关系来分析，股价上涨从理论上讲成交量应该是放大的。但投资者往往忽略了这样一个实际问题，即成交量的攀升主要原因是多空双方出现了巨大的分歧，在很多投资者卖出的同时也有很多投资者买进。而当投资者的看法趋于一致时，成交量是不可能出现增量的。比如，投资者都看好后市，大家都会坚持持有股票，即使有很多投资者要买也无法成交，此时便不会产生成交量；另一种情形是，若主力取得了对股票的控制权，即使他们需要拉高股价，也往往不需要放量。

（五）下跌过程中只要量缩就会止跌

在股价下跌的过程中，只要出现成交量萎缩的迹象，一些股民就武断地得出结论：做空动能在衰退，股价将要止跌反弹。而当这些股民进场后，股价却越跌越深，很多股民因此深套其中不能自拔。出现这种操作失误的原因是：当投资者都不看好后市的时候，卖出的股票也不会有人买，从而导致成交量持续萎缩。

（六）突破平台时一定会放量

没有经验的股民常常把股价放量突破前期整理平台作为买入的依据，但买进之后，股价却并没有上涨，反而是缩量向上突破平台的股票后期出现了持续上涨的走势。这其中的原因是，突破整理平台的过程中并不一定会放量，道理其实很简单：当主力对某只股票形成高度控盘时，只需放一点点的成交量，就能把股价轻松地拉上去。主力通过横盘阶段的洗盘，已经把盘中的大多数浮动筹码清洗掉了，所以在拉升股价的过程中，不会受到太多抛售盘的阻碍，这样一来，不需要放量也可使股价平稳突破整理平台。

　　在实际操作过程中，放量向上突破也有可能是主力设置的假突破陷阱，以引诱投资者上当。向上突破放量一般有两种情形：一种是正常的市场行为（正常的市场行为是指因多空双方的巨大分歧造成的成交量放大）；另一种是非正常的主力故意操纵行为，是指主力机构用自买自卖的手法来造成成交量放大的假象，从而营造一个虚假的市场活跃的氛围。

本章操作提示

　　投资者把资金投入股票市场，其主要目的是获利。如果投资者对股票知识了解很少就投身于股市，则与直接把现金扔掉无异。所以，投资者在进入股市前，一定要系统地学习和了解相关的股票知识，做好准备后再进入股市。

　　本章主要介绍了量价关系的基本知识，这些知识都是广大投资者在炒股时须必备的知识，对实战操作具有非常重要的指导意义。

第二章

成交量的各种指标

一、PVI——正量指标

（一）PVI指标的概念

正量指标（PVI）又称为正成交量指标，其英文名称为 Positive Volume Index，由 Norman Forback 在 *Stock Market Logic* 一书中首次发表。它的作用主要表现在以下几个方面。

（1）PVI 可以用来辨别目前的股价行情是处于多头还是空头市场。

（2）通过 PVI 可以详细了解和追踪散户资金的定期流向。

（3）PVI 除了可以帮助股民认清市场的结构形态，划分主力或者散户市场之外，尚可以利用其指标的交叉信号作为中期买卖的依据。

（4）PVI 最大的功能就是配合 NVI 共同追踪即将引发多头行情的股票。如图 2-1 所示。

图2-1　PVI指标例图

（二）PVI 指标的计算公式

PVI 的计算公式如下：

（1）PVI ＝ PV ＋（CLS － CIS n）÷ CIS n × PV。

（2）MA ＝ PVI 的 N 日移动平均线。

（3）第一次计算时，PV 一律用 100 代替。

（4）多数 N 设置为 72。

在运用上述公式前，需要先比较当日的成交金额与前一日的成交金额后才能进行计算，并且首次计算的时候，PV 一律用 100 代替，N 为参数（移动平均线参数一般设定为 72 日、144 日或 288 日，运用在我国股市时，大部分都采用较短周期）。

从 PVI 的计算公式中我们可以观察到：当成交量增加的时候，如果价格也上涨，则 PVI 也将增加；而当成交量没有增加时，PVI 则保持不变。所以，当 PVI 曲线上升时，表示的是量增价涨、量价配合的正常现象。

（三）PVI 指标的运用法则

（1）当 PVI 位于其 N 日移动平均线之上时，表示目前正处于多头市场；当 PVI 由下往上穿越其 N 日移动平均线时，为中期买进的信号，如图 2-2 所示。

（2）当 PVI 位于其 N 日移动平均线之下时，表明当前正处于空头市场，一些投资者开始争先恐后地卖出手中持股，保持空仓观望状态。此时，空方在市场中占主导地位；当 PVI 由上往下穿越其 N 日移动平均线时，为中期卖出信号。

（四）详解 PVI 指标的实战法则

在实际操作中，有些散户往往喜欢追涨杀跌，因此，当股市行情出现价涨量增的走势时，这部分散户就会追涨，此时主力为了消化手中股票的压力，会向散户群体大量抛售股票。因此，这种价涨量增的市场，也会成为散户主导的市场。然而，PVI 并不是一个"反市场操作"指标，也就是说，以散户群体为主导的股市行情，并不表明股价绝对会下跌。在一般的市场里，散户群体的步调不一致容易导致股市行情的上下波动。

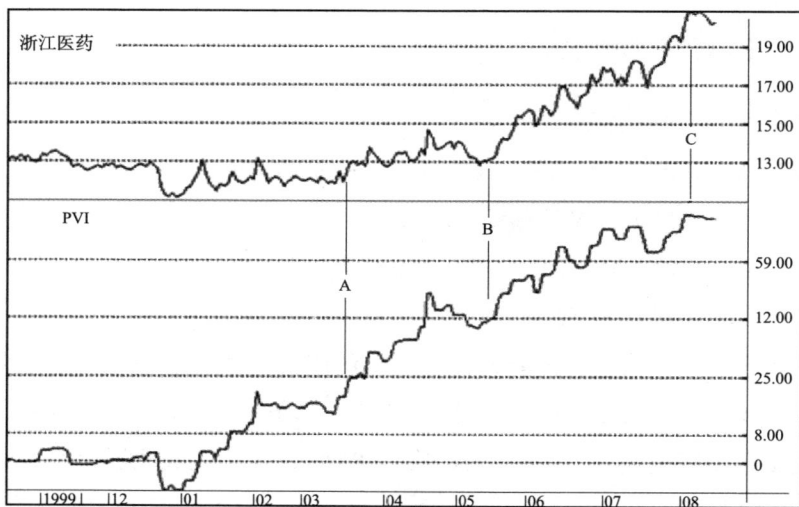

图2-2　PVI买进的信号

　　曾经有一段时期，很多股民热衷于追踪买卖量较大的券商操作行为，将其视为主力买卖的依据。结果发现有部分主力介入的个股，其股价也未能够维持相当程度的强势。这种现象曾让一些迷信主力的股民百思不得其解。其实主力并不一定都能够成为"赢家"，散户也可以"蚂蚁搬大象"。从以往的经验来看，主力被散户带着走的先例也不在少数。

二、NVI——负量指标

（一）NVI 指标的概念

　　负量指标，其英文名称为 Negative Volume Index，通常缩写为 NVI。它的作用与 PVI 非常类似，其主要用途除了用于寻找买卖点之外，更是检测大多头市场的主要分析工具。NVI 的基本理论观点认为，当日的市场行情如果是价跌量缩的情况，则表明主力在主导市场。也就是说，NVI 的主要作用是检测市场行情是否属于主力市场。

（二）NVI 指标的计算公式

NVI 的计算公式如下：

（1）NVI $=$ NV $+$（CLS $-$ CLSn）$+$ CLS$n \times$ NV。

（2）MA $=$ PVI 的 N 日移动平均线。

（3）第一次计算时 NV 一律用 100 代替。

（4）多数 N 设置为 100。

在运用上述公式前，需要先比较当日成交金额与前一日成交金额后，才能逐步计算，且首次计算时，前一日的 NVI 一律用 100 代替。

从 NVI 的计算公式中，大家可以看出：当成交量增加的时候，NVI 是保持不变的；而当成交量萎缩的时候，如果价格仍上升，NVI 的数值将向上。所以，当 NVI 曲线上升时，表示的是量价不配合、量缩价升的现象。

（三）NVI 指标的运用法则

（1）当 NVI 处于其 N 日移动平均线之上时，表示目前正处于多头市场（多头市场又称为买空市场，是指股票价格的基本趋势持续上升时形成的投资者不断买进，需求大于供给的市场现象）。

（2）如果 NVI 是由下往上穿越其 N 日移动平均线，则为长期买进的信号。

（3）当 NVI 处于其 N 日移动平均线之下时，表示目前状态正处于空头市场。

（4）如果 NVI 是由上往下穿越其 N 日移动平均线，则为长期卖出信号。

（5）如果 NVI 和 PVI 分别向上穿越其 N 日移动平均线，此时为大多头的信号特征。

（四）详解 NVI 指标的实战法则

许多散户在股市大潮中扮演着行情追随者的角色，并热衷于追涨杀跌。因此，当走势出现价升量增的行情时，散户的投资欲望就会大大增强。此时，财力雄厚的主力，正好趁机顺势进行调整。相反，散户因为资金相对不足，无法在股市行情不好的情况下逢低分批吸纳，所以，当行情呈现价跌量缩的走势时，大部分散户都会退场观望，此时，主力反而借此机会大量吸纳股票。从以上分析我们可以得知，NVI 萎缩的成交量实际上就是主力介入的资金。

在股票交易市场中，主力资金通常具有锁定筹码的功能，一般股民会认为，凡是主力积极介入的股票，大致上都有一段利润不错的趋势行情。因此，大部分股民选择股票时，喜欢跟随主力进出。主力的资金对于股价行情的推动具有关键性的作用，散户的资金也是一股不可忽视的重要力量。只有主力资金的市场，行情的发展毕竟是有限的。一个全面大多头的行情，必须依靠主力与散户群体共同的推动力量才能实现。因此，NVI 与 PVI 作用实际上是相同的，只是观察的目标不同罢了。如果两种指标的信号特征同时发生，一般可视为"大多头"行情来临的先兆。

三、VRSI——量相对强弱指标

（一）VRSI 指标的概念

量相对强弱指标 VRSI（英文 Volume Relative Strength Index 的缩写），就是指将一段时间间隔内的成交量进行统计，来反映市场强弱、研判买卖时机的指标。量相对强弱指标 VRSI 是通过反映股价变动的四个元素，即上涨的天数、下跌的天数、成交量增加幅度、成交量减少幅度来研判量能的趋势，预测市场供求关系和买卖力道，是属于量能的反趋向指标之一。

（二）VRSI 指标的计算方法

VRSI 指标的计算方法是：先求相对强弱值，再推算出 VRSI 线。计算公式如下：

相对强弱值＝N日内成交量增加幅度总和÷N日内成交量减少幅度总和

VRSI线＝100-[100÷（1＋相对强弱值）]

其中参数：N为统计天数，一般取值为6。

（三）VRSI 指标的应用原则

（1）当行情处在盘整阶段时，假如量相对强弱指标 VRSI 一底比一底高，通常说明多头处于强势，后市行情可能出现继续上涨的趋势。相反的情况是，假如量相对强弱指标 VRSI 一底比一底低，则显示的是卖出的信号特征。

（2）量相对强弱指标 VRSI 以 50 为强弱分界线，当 VRSI 大于 50 为强势市场，VRSI 小于 50 为弱势市场，相对来讲当 VRSI 在 50 以上其准确率较高。

（3）通常来说，量相对强弱指标 VRSI 在 60 以上掉头向下时为卖出的信号特征，VRSI 在 40 以下掉头向上时为买入的信号特征，一般来说卖出信号比买入信号更为可靠一些。但在实战操作时应该以全局的态势判断为根据，因为 VRSI 是量能指标，如果与 KDJ、MACD、EBBI 等价格类指标结合使用，其判断价格趋势变化则更加准确。

（4）VRSI 的参数值 N 一般取 5～16 日，N 值越大则表明长期趋势越明朗，但会有反应滞后的倾向；N 值越小则表明对趋势变化越敏感，但易产生灵敏度过高的风险。

（5）VRSI 可以利用切线划出支撑线或阻力线来判定未来的走向，VRSI 也可依据头肩顶、头肩底、三角形等形态作为买卖点的信号。

（6）假如时间间隔较短，如 3 日或 6 日，在股价处于大涨势或大跌势时，量相对强弱指标位 VRSI 很容易就达到极值 100 或 0，然后产生钝化现象，为克服这一缺陷，投资者可采用移动平滑的原理，使量相对强弱指标值 VRSI 不致变动得过分剧烈。

（四）VRSI 指标产生背离时的分析

当量相对强弱指标 VRSI 的走向和价格走向常常发生背离时，则是一种买卖信号。

（1）当股价创新低点，而量相对强弱指标 VRSI 没有同时创新低时，称为底背离，是买入的信号特征。

（2）当股价创新高点，而量相对强弱指标 VRSI 未同时创新高时，称为顶背离，表示趋势即将反转，是卖出的信号特征。

（3）当股价创新低点的同时，量相对强弱指标 VRSI 也创出新低点，这通常说明后市趋弱，假如 VRSI 没能同时创出新低点，那么股价极可能出现反转现象。

（4）当股价创出新高点的同时，VRSI 也创出新高点，这通常说明后市趋强，如果 VRSI 没能够同时创出新高点，这通常表示股价即将出现回落。

（5）当股价尚处在盘整阶段，而 VRSI 已率先整理完成，则表明股价将随之向上突破。

（五）VRSI 指标出现超买超卖时的分析

（1）当 6 日 VRSI 向上突破 85 时，为超买的信号特征。

（2）当 6 日 VRSI 向下跌破 15 时，为超卖的信号特征，出现反转的可能性较大。

（3）当量相对强弱指标小于 30 时属超卖，是买入的信号特征。

（4）当量相对强弱指标大于 70 时属超买，是卖出的信号特征。

（5）在超卖区走出"W"形是常见的见底形态，在超买区走出"M"形则是常见的见顶形态。

四、OBV——累积能量线

（一）OBV 指标的概念

累积能量线（OBV）通常又称为能量潮，也称为成交量净额指标，OBV 的英文全称是 On Balance Volume，它是由美国投资分析家 Joe·Granville 于

1981年创立的。OBV指标是将成交量值予以数量化，制作成趋势线，配合股价的趋势线，根据价格的变化和成交量的增减关系来推测市场买卖的行情的气氛。此理论建立的基础是"能量是因，股价是果"，也就是说股价的上涨必须要依靠资金能量源源不断地输入才能顺利完成，OBV指标是以成交量的变动趋势来分析股价变化趋势的技术指标之一，投资者可以通过该指标观察成交量的变化，依此来准确地预测有关股价的波动方向。

（二）OBV指标和股价的关系

股价变动的先行指标是OBV，一般短期内的股价上下波动与公司的业绩兴衰并不完全相符，通常情况是受到人气的影响，所以，股民可以通过OBV指标的变化来预测股价的波动趋势。

OBV指标的变化过程就是投资者购买股票欲望强弱变化的过程，也是股票市场人气聚散的过程。当人气旺盛，会吸引更多投资者入市，必定刺激股价继续上升；股价升至一定高度，投资者望而却步，获得收益的投资者纷纷抛售，股价自然就会下跌。

（三）OBV指标的计算公式

累积能量线指标的计算公式如下：

$$OBV = 前一天的OBV \pm 当日成交量$$

计算OBV指标值时，首先要计算上市股票每日累计的总成交量，并逐点连成曲线（当日收盘价高于前日收盘价，成交量定义为正值，取加号；当日收盘价低于前日收盘价，成交量定义为负值，取减号；二者相等时计为0），这里的成交量是指成交股票的手数。

OBV指标的计算和其他指标的计算方式基本上是一样的，由于选用的计算周期的不同，OBV指标也包括日OBV指标、周OBV指标、月OBV指标、年OBV指标以及分钟OBV指标等多种。一般情况下，被用于股市研判的是日OBV指标和周OBV指标。另外，随着股市软件分析技术的发展，投资者无须去计算OBV指标的具体数值，只需掌握OBV形成的基本原理和计算方法以及如何利用OBV指标去分析、研判股票行情就可以了。

关于股票指数的 OBV 值的计算方法见表 2-1。

表2-1　股票指数的OBV值的计算方法

日期	当日收盘指数	比前一日涨跌	成交量（手数）	累积OBV
第一天	1000	－	－	－
第二天	1050	＋	+3000	+3000
第三天	1025	－	-1500	+1500
第四天	1000	－	-1000	+500
第五天	1030	＋	+2000	+2500
第六天	1070	＋	+3000	+5500

关于单只股票价格的 OBV 值的计算方法见表 2-2。

表2-2　单只股票价格的OBV值的计算方法

日期	收盘价（元）	比前一日涨跌	成交量（手数）	累积OBV
第一天	18.80	－	－	－
第二天	19.20	＋	+3000	+3000
第三天	19.40	＋	+2500	+5500
第四天	19.10	－	-700	+4800
第五天	19.00	－	-800	+4000
第六天	19.50	＋	+2000	+6000

OBV 线的绘制方法是：将 OBV 值绘于坐标图上，以时间为横坐标，成交量为纵坐标，将每一日计算所得的 OBV 值在坐标线上标出位置并连接起来。OBV 线需要与股价曲线并列于同一图中相互参照使用。

（四）OBV 指标在股市中的具体表现

根据观察和研究发现，OBV 指标在股市中的具体表现如下。

（1）当股票价格上涨而 OBV 线下降时，表示能量不足，股价随后将回跌。

（2）当股票价格下跌而 OBV 线上升时，表示市场买气旺盛，股价随后将止跌回升。

（3）当股票价格上涨而 OBV 线同步缓慢上升时，表示股市行情持续向好。

（4）当 OBV 指标值直线上升时，不论股价是大涨还是小涨，都表示能量即将耗尽，股价可能止涨反转。

（5）OBV 指标与加权股价指数涨跌关系密切。股价指数（股价指数也可以称为股票价格指数，是动态地反映某个时期股市总价格水平的一种相对指标。它是由金融服务公司根据市场上一些有代表性的公司股票的价格加权平均后计算出的平均数值编制而成的。股票价格指数通常用百分比表示，简称"点"。股票价格指数不仅对股市，而且对整个经济都具有衡量作用和分析功能）上升，必然有成交量的不断上升与之配合。多头市场里，指数的上升会伴随成交量的增加，到了股价指数上升而成交量停滞或缩小时，本轮上升行情才会告一段落，此后股价指数将迎来一段下跌行情；在空头市场中，指数的每次下跌都会伴有成交量的急剧萎缩，直到指数下降而成交量不再减少时，这一轮下跌趋势才告结束。

（6）通常情况下，当主力还没有拉抬股价的时候，股票价格往往表现得不是很活跃，成交量的变化也不大，此时看成交量是没有任何意义的，也不能准确判断主力的意图。而一旦主力放量拉升股价时，其目标就会暴露，我们通常把这样的股票称为强势股，此时来研究成交量的变化就具有非常重要的实际意义，如果能够准确地捕捉到主力的洗盘意图，并积极介入，往往能够在较短的时间内取得非常理想的收益。实践证明，根据成交量变化的以下特征，可以对强势股的主力是不是在洗盘做出一个较为准确的判断。

①因为主力的积极参与，原本沉闷的股票在成交量不断放大的推动下变得活跃起来，出现了价涨量升的态势。然后，主力为了给以后的大幅拉升扫清障碍，将短线获利盘一一清洗掉，这一洗盘行为在 K 线图上表现为阴阳相间的横盘震荡走势，同时，由于主力的目的是将散户扫地出门，所以，股价的 K 线形态表现为明显的"头部形态"，如图 2-3 所示。

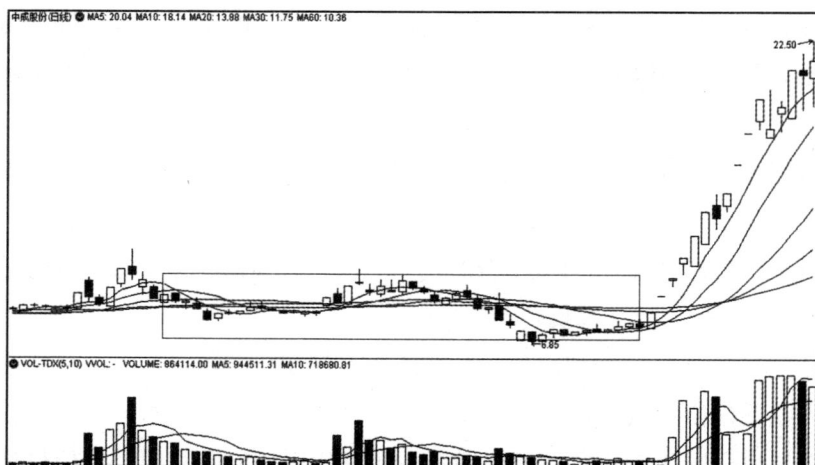

图2-3　横盘整理洗盘

②在主力洗盘阶段，K 线组合往往是大阴不断，并且每次收阴的时候都伴有巨大的成交量，让投资者以为主力正在大举出货，而事实却并非如此。实际上，有经验的投资者只要仔细观察就会发现，当某日出现巨量大阴的时候，股价往往未能跌破 10 日均线，短期移动平均线对股价构成强大支撑，主力低位回补的迹象一目了然，这就是技术分析人士经常所说的"巨量长阴价不跌，主力洗盘必有涨"，如图 2-4 所示。

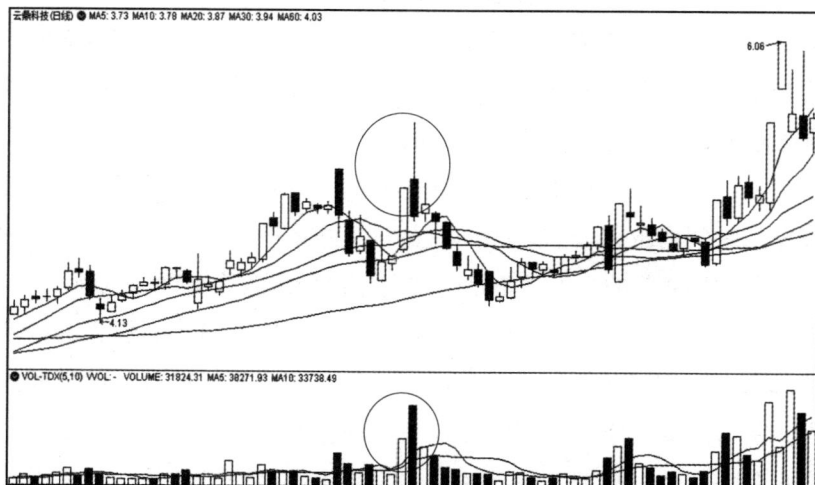

图2-4　巨量长阴洗盘

③当主力洗盘时，作为研判成交量变化的 OBV 指标和均量线也会出现一些非常明显的特征，主要表现为：当出现巨量大阴时，股价的 5 日、10 日均量线始终保持向上运行，这说明主力一直在增仓，股票交投极为活跃，后市看好。另外，OBV 指标在股价高位震荡期间始终保持向上，即使瞬间回落，也会迅速拉起，并能够创出近期的新高，这说明单从量能的角度看，股票价格已具备大幅上涨的先决条件。

（五）OBV 指标的实战运用

（1）在股市行情中，5 分钟 OBV 指标也是一种短线参考价值较强的量能指标。5 分钟 OBV 指标向上运行表示看多，向下运行表示看空；5 分钟 OBV 指标与股价于低位相背离为买入信号，于高位相背离为卖出信号。特别是价格短线快速下跌后，5 分钟 OBV 指标与股价产生背离和价格短线快速上涨后 5 分钟 OBV 指标与股价产生背离，此时发出的买卖信号准确率很高；5 分钟 OBV 指标横盘整理后向上突破为买入信号，向下突破为卖出信号。

（2）如果 OBV 线连续形成 N 字形上涨状态，则表示上涨的股价将要出现反转。

（3）如果 OBV 线在呈连续小 N 字形上涨时，又出现大 N 字形上涨的状态，则预示行情随时可能出现反转。

（4）如果 OBV 线的走向与股价曲线产生背离现象时，说明走势不真实，此时无论股价是处于上涨行情还是下跌行情，都有反转的可能，投资者应谨慎操作。

量价背离，即股票价格与成交量呈相反的发展趋势。若股价上升而成交量减少或持平，说明股价的上涨得不到成交量的有效配合，这种股价的上涨趋势很难维持长久；若股价下跌而成交量迅速上升，此为后市低迷的先兆，说明投资者正在恐慌性抛售，准备彻底离市。其中 OBV 指标的低位背离主要有以下两种情况。

①股价创新低，而 OBV 指标未创近期新低。

②股价下跌不止，创下了一个历史新低点时，OBV 线却没有表现出下跌趋势或者下跌甚少，没有创下新低，说明股价已经跌到了一定程度，当周线

RSI与日线RSI同时出现底背离或者周线OBV与日线OBV同时出现底背离时，后市反弹很有希望。

（5）如果OBV线持续一个月以上的横向波动后突然上冲，预示着大的行情随时都可能发生。如果股票价格与成交量变化方向相同，即股价上升，成交量也紧跟着上升，则市场可继续看好；如果股价产生下跌，成交量也紧跟着萎缩，说明投资者对后市比较看好，持仓惜售，转势反弹的机会较多。OBV线的主要作用是帮助股民判断股市突破盘局后的发展方向。

五、ABV——主力进出指标

（一）ABV指标的概念

主力进出指标（ABV）是通过对OBV指标的优化平滑处理而创新改造出来的一种反映量价关系的指标。该指标主要用来反映不同时间段的资金量的对比变化，并从这种变化的相互关系中研判资金量的增减变化，从而准确地判断出主力资金进出股票市场的具体情况。

ABV指标一般有短期、中期、长期三条线，分别反映短期、中期、长期资金量的变化。

（二）ABV指标的具体应用

（1）短期线代表主力机构的短期行为，中期线代表主力机构的中期行为，长期线代表主力机构的长期行为。

（2）如果短期线和中期线及长期线相近，并且都平行向上，形成多头排列时，表示主力机构正在边吸纳股票边拉升价格，此时投资者可以跟进。

（3）如果是短期线与中期线及长期线相近，并且都平行向下时，表示主力机构此时还没有进场，或者部分主力机构正在大肆出货，不可急于杀入。

（4）如果中期线与长期线由上行趋势转为下行趋势，而短期线分别向下行，形成一个断层向下的形态时，一般可认为主力机构拉高出货已完成，此股短时间内不会再有表现，要经过很长一段时间的恢复才有可能重新启动。

（5）当短期线向上拉得太急太猛，与中长期线乖离率相差太大时，短期线应出货，要等到短期线再次向中长期线靠拢时方可逢低吸纳，等待主力再次拉升。

（6）如果是短期线下行，但中长期线仍为向上趋势时，此时如果被套则不用担心，因为主力机构还没有出完货，一定还会再次实施自救行为。

（7）ABV 指标不仅可以研判个股情况，还可以对大盘进行研判。

（8）因为 ABV 指标是由 OBV 指标演化而来的，所以，OBV 指标的缺陷同样可能在 ABV 指标上表现出来，这是投资者在使用时需要特别注意的。

六、VR——成交量比率指标

（一）VR 指标的概念

成交量比率指标（VR）是一项通过分析股价上升日成交额与股价下降日成交额的比值，以研究股票成交量与价格之间的关系为目的，从而把握市场买卖走势的中期技术指标。该指标主要用于个股分析，其理论基础是"量价理论"和"反市场操作理论"，以成交量的变化确认低价和高价，从而确定买卖时机。

VR 指标认为，由于量先价行、量涨价增、量跌价缩、量价同步、量价背离等成交量的基本原则在市场上恒久不变，因此，观察上涨与下跌的成交量变化，可作为研判行情的依据。同时，VR 指标还认为，当市场上人气开始凝聚，股价刚开始上涨或处于上涨途中的时候，投资者应顺势操作；而当市场上人气极度旺盛或极度悲观，股价暴涨暴跌时候，投资者应果断离场或进场，即反市场操作。

一般来说，低价区和高价区出现的买卖盘行为均可以通过成交量表现出来，因此，VR指标又具有超买超卖的研判功能。同时，VR指标是用上涨时期的量除以下跌时期的量，因此，VR指标又具有一种相对强弱概念。总而言之，VR指标可以通过研判资金的供需及买卖气势的强弱、设定超买超卖的标准，为投资者确定合理的买卖时机提供正确的参考依据。

（二）VR指标的计算公式

VR指标是分析一定周期内的价格上升周期的成交量（或成交额）与价格下降周期的成交量的比值的一种中短期技术指标。和其他技术指标一样，由于选用的计算周期不同，VR指标也包括日VR指标、周VR指标、月VR指标、年VR指标以及分钟VR指标等各种类型。经常被用于股市研判的是日VR指标和周VR指标。虽然它们计算时取值有所不同，但基本的计算方法是一样的。

1. 计算公式

以日VR指标为例，其计算公式如下：

VR（N日）＝N日内上升日成交量总和÷N日内下降日成交量总和

式中：N为计算周期，一般起始周期为12。

2. 计算过程

（1）N日以来股价上涨的那一日的成交量统称为UV，将N日内UV相加的总和称为UVS。

（2）N日以来股价下跌的那一日的成交量统称为DV，将N日内DV相加的总和称为DVS。

（3）N日以来股价平盘的那一日的成交量统称为PV，将N日内PV相加的总和称为PVS。

（4）最后，得出N日的VR为：

$$VR（N）＝（UVS＋1/2PVS）÷（DVS＋1/2PVS）$$

这里的计算公式是对上面公式的细分，随着股市分析软件的日益普及，

VR 指标的数值已可以由计算机自动完成计算，不再需要投资者自己来计算，这里主要想让投资者通过了解 VR 指标的计算过程，从而对其有更进一步的了解。

（三）VR 数值区域的划分标准

一般来说，VR 的数值可以划分为以下四个区域：

（1）当 VR 值处于 40 ～ 70 时，视为低价区域，表明股票的买卖盘稀少，人气比较涣散，但个别股票的投资价值可能已经凸显，建议投资者可以少量建仓。

（2）当 VR 值处于 80 ～ 150 时，则为安全区域，表明股票的买卖盘开始活跃，人气开始旺盛。此时，投资者可以持股待涨或加大建仓量。

（3）当 VR 值介于 160 ～ 450 时，为获利区域，表明股票在强大的买盘推动下不断攀升，投资者应该将大部分获利比较丰厚的筹码及时获利了结。

（4）当 VR 值处在 450 以上时，则为警戒区域，表示股价的上涨已经出现超买的现象，市场的后续资金很难跟上，股价随后可能会出现一轮比较大的下跌行情，此刻，投资者应果断地卖出手中的股票或持币观望后市的发展变化。

（四）VR 指标的实战技巧

VR 指标的结构比较简单，只有一条 VR 曲线，因此，相对于其他指标而言，它的研判也比较简单明了，实战技巧主要集中在 VR 曲线的运行方向上。在运用 VR 指标时，为了更准确地了解行情，我们可以采用 VR 指标和 OBV 指标相结合的方式来研判行情。

（1）当 VR 曲线的运行形态一底比一底低，而 OBV 曲线的运行形态一底比一底高，同时股价也突破中短期均线时，表明 VR 指标和 OBV 指标出现了底背离走势，这是 VR 指标发出的短线买入信号。

（2）假如 VR 曲线的运行形态一顶比一顶低，而 OBV 曲线的运行形态一顶比一顶高，同时股价也向下突破短期均线的时候，则表明 VR 指标和 OBV 指标出现了顶背离走势，这是 VR 指标发出的短线卖出信号。

（3）当VR曲线和OBV曲线从高位一起向下滑落，且股价也被中短期均线压制下行，则意味着股价的中短期下降趋势已经形成，这是VR指标发出的持币观望信号。

（4）当VR曲线和OBV曲线同时摆脱低位盘整格局，向上快速扬升，同时股价也依托短期均线上涨，则意味着股价的中短期上升趋势已经形成，这是VR指标发出的持股待涨信号。

（五）VR指标的运用法则

（1）当成交量经萎缩后放大，而VR值也从低价区向上递增时，行情可能开始启动，此时是买进的好机会。

（2）当VR值在低价区增加，股价牛皮盘整时，可考虑伺机买进。

（3）当VR值升至安全区内，而股价牛皮盘整时，可持股待涨。

（4）当VR值在获利区增加，股价亦不断上涨时，应把握高档出货的时机。

（5）一般情况下，VR值在低价区的买入信号可信度较高，但在获利区的卖出时机要把握好，因为股价可能连续上涨，所以在确定卖出之前，应与其他指标一起研判。

（六）VR曲线与股价的配合使用

（1）当VR曲线在低价区域开始向上扬升，且成交量也开始增大时，如果股价呈小幅上升，则证明市场上的主力资金已开始介入，此时投资者可以开始建仓买入。

（2）当VR曲线突破低价区时，如果股价也同步上涨，则表明股价的涨势已经开始，投资者应加大买入力度。

（3）当VR曲线突破低价区后，股价也同步上扬时，表明股价的涨势力度开始放大，在这种情况下，投资者可以一路持股，直到VR曲线有调头向下的迹象为止。

（4）当VR曲线进入安全区后继续上升，而股价却在进行牛皮盘整，且此区间内股票的换手率较高，则表明主力可能正在筹备拉升行情，此时，投资者应该坚决持股待涨，如果你是短线操作高手，还可以加大买入力度。

（5）当 VR 曲线进入警戒区域后开始掉头向下，而股价仍在向上攀升时，则意味着股价可能出现了超买现象，投资者应密切留意股价的动向，一旦股价也开始向下，则应该果断卖出全部股票。

（6）当 VR 曲线从低价区域开始慢慢上升，而股价却仍在下跌时，则意味着股价可能出现了超卖现象，投资者可少量逢低买入。

七、VROC——量变动速率指标

（一）VROC 指标的概念

量变动速率指标（VROC）是由查拉尔和福雷德两人在 *Stock Market Trading Systems* 一书中最先提出的，它结合了 RSI、W%R、KDJ、CCI 等指标的特点，同时监测股价的常态性和极端性两种走势，从而能比较准确地把握股票买卖的时机。

（二）VROC 指标的计算方法

VROC 指标测量价位动量的方法是：用当日收盘价与若干天前收盘价之差除以若干天前的收盘价，以所得的比率来测量目前股价所处的位置。

根据选用的计算周期的不同，VROC 指标可以分为日 VROC 指标、周 VROC 指标、月 VROC 指标、年 VROC 指标以及分钟 VROC 指标等各种类型。经常被用于股市研判的是日 VROC 指标和周 VROC 指标。虽然它们的计算时间的取值有所不同，但基本的计算方法一样。其计算公式如下：

VROC＝（当日成交量－N日前一天的成交量）÷N日前一天的成交量×100

式中：N 为间隔天数，一般取 12。

（三）VROC 指标的运用

（1）如果 VROC 向下跌破 0 线，意味着将有主流资金撤退，是卖出信号。

（2）如果 VROC 向上突破 0 线，意味着主流资金将要介入操作，是买入信号。

（3）当股价创新高时，若 VROC 并没有配合上升，则证明上涨动力不足。

（4）如果股价创出新低，而 VROC 没有配合下降，则证明下跌动能减弱。

（5）如果股票价格和 VROC 同时从低位上升，则证明趋势仍有上升空间，短期反弹有望。

（6）如果股价和 VROC 同时从高位下降，表明股市行情仍有下跌动能，应警惕股价出现回落。

（7）VROC 在大盘处于整理阶段时可能会与轴线黏合缠绕在一起，此时 VROC 指标的分析效果不太明显，它主要用于对较大级别行情的头部和底部的判断以及对趋势发展和转向的研判。

八、VOSC——移动平均成交量指标

（一）VOSC 指标的概念

移动平均成交量指标（VOSC）的设计，是以成交量的长线及短线移动平均线之差作为分析的重点，如果两者之差为正数，表示成交量逐渐放大，股市行情交投比较活跃。如果两者之差为负数，那么成交量就会逐渐缩小，股市行情就会变得比较低迷。

（二）VOSC 指标的计算公式

VOSC 指标的计算公式如下：

$$VO = MA(V, m) - MA(V, n)$$

　　在上面的公式中，V 为成交量，而长线及短线的移动平均数的时间橱窗分别为 m 天与 n 天。此外，在 VO 之上可加一条 EMA 作为信号线以反映其走势。

　　VOSC 指标的特别之处在于指标与市价的走势形态无特定的关系，VOSC 指标见顶或见底，往往在市价转势之先，因此可以将其作为一种领先的指标来看待。

（三）VOSC 指标的运用

　　VOSC 指标作为一种领先的指标，在运用时应注意以下两个方面。

　　（1）在上升与下跌市的短期波动之中，VOSC 指标的顶底往往会与价位的短期顶底同时出现。

　　（2）在一段趋势中，VOSC 指标的重要顶部往往会在价位的重要顶部或底部之前一段时间出现，产生这种情况的原因是：在趋势走至中期时，是资金大量流入且成交量大增之时；但当趋势逐步走向见顶或见底时，资金正逐步流走，以致成交量缩小，在这个时候，VOSC 指标突破 0 线是一个非常重要的指引信号。

───── 本章操作提示 ─────

　　技术分析的指标多达上百种，但归根结底主要是价格与成交量两种指标，其他指标无非是这两个指标的变异或延伸。作为投资者，只要领会和掌握适合自己的几种指标便可稳健盈利。

　　在这里，需要特别强调的是，在熊市和牛市中应用的指标有所不同。例如，在熊市中的反弹操作注重运用 KDJ 指标，一旦日 K 线或 60 分钟 K 线的 KDJ 指标出现死叉，反弹必定结束。而在牛市行情中，股指或股价在上升运行途中，KDJ 指标会不断地出现死叉或钝化，但并不影响股指或股价屡创新高。在牛市行情中，与股指或股价关联度较高的指标是 MACD 指标，只要日 K 线的 MACD 指标和成交量没有双双出现死叉，便可以大胆做多。

第三章

量价关系走势分析

一、走势中的量价关系分析

（一）破解走势中的量价关系之谜

一般情况下，股价在一段时期内有可能表现为上涨或者是下跌，成交量也表现为或大或小。但具体反映在盘中时，无论日 K 线图是上涨还是下跌，分时走势图中的成交量一定会有相对应的变化情况，也就是说，成交量在每一天的盘中都会呈现为局部的波峰或谷底。同样的道理，不管日 K 线图是收阳还是收阴，分时走势表现在盘中总有小的阶段性高点或低点，这是显而易见的。正常情况下，股价不可能走直线，成交量也不可能时刻平均分布。依据股价走势以及所对应的成交量的时刻变化，大致可将分时走势图中的量价关系分为以下两种情况。

1. 量价同步配合

量价同步配合是指在分时走势图下方成交量变化的每一个波峰对应的都是分时走势小波段的每一个高点，局部放量对应的是股价盘中冲高的行情，而局部缩量对应的是股价盘中回调的阶段，这与通常技术思路中的价涨量增的思路是完全吻合的。量价同步配合通常包括量增价涨、价稳量增、价跌量缩三种情况，表示大盘的短线走势较稳定，如图 3-1 所示。

2. 量价反向配合

量价反向配合与量价同步配合正好相反，是指在分时走势图下方成交量变化的每一个波峰对应的都是股价分时走势小波段的每一个低点，即局部放量集中于股价盘中下挫的波段，而盘中反弹的波段，市场则呈现局部缩量。量价反向配合通常包括价涨量缩、价跌量增、价涨量平、价跌量平、价稳量缩、价稳量平等。这表明大盘盘中向上震荡的力度正在逐渐减弱，股价的短线走势正处于一种弱势调整的状态之中，有可能继续下行，如图 3-2 所示。

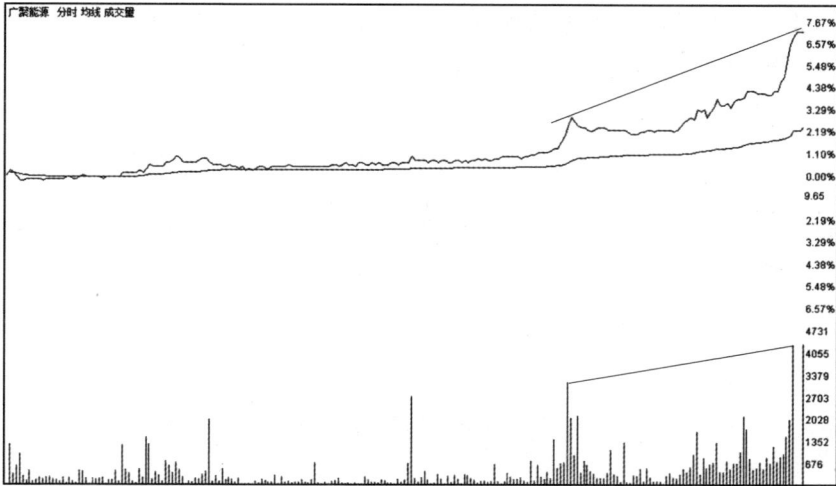

图3-1　量价同步配合

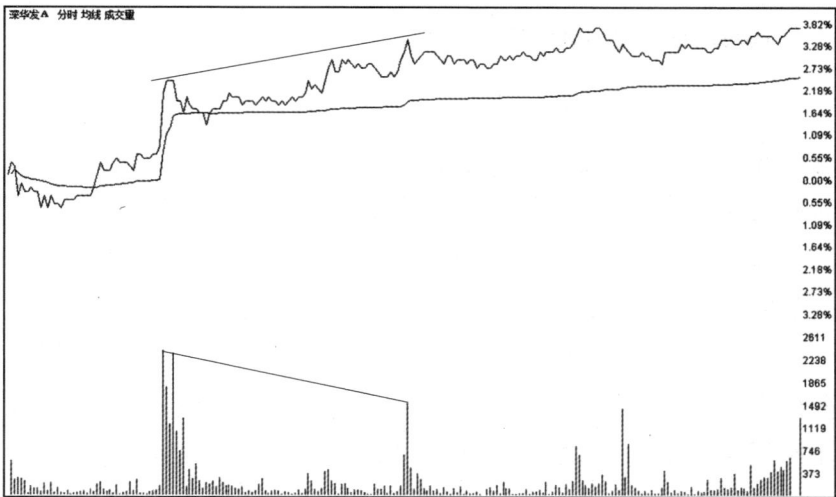

图3-2　量价反向配合

（二）应对走势中量价关系的策略

股价在盘中走势所表现出来的特征，有时候可能既非正向配合也非反向配合，这时就没有办法明确分析了，我们所能做的就是观察典型走势。分时走势的量价配合在看盘中的主要应用不仅仅是观察特征，而且要观察变化情况。根据分时走势的量价关系分析，可以判断股价短线的强弱。通常情况为，正向配合则短线"强"，反向配合则短线"弱"。

当大盘进入震荡期之后，如果分时走势一直保持反向配合状态，则短线投资者不要急于跟进，短线介入的机会为盘中走势由反向配合转变为正向配合之时；反之，短线投资者出局的有利时机为分时走势由正向配合转变为反向配合之时。

二、底部区域的量价关系分析

（一）破解底部区域的量价关系之谜

成交量是反映主力动态的一个重要指标，特别是在股价经过一段时期下跌后的底部区域，主力的一举一动都可以在成交量上反映出来。判断一只个股是否有主力入驻、主力是否建仓完毕等，都可以从成交量上来分析和判断。股价在底部区域时成交量能表现出许多种量价形态，下面就为大家详细解读一下这些量价形态形成背后的秘密。

1. 破解底部无量止跌形成之谜

股价经过一段时期的持续下跌之后，又出现了凶猛的下挫趋势。随着股价的不断下跌，做空能量基本都释放了出来。当股价下跌到一定程度后，持股者会慢慢产生惜售心理。此时，由于股价还处在下跌通道之中，场外资金不敢轻易进场操作，所以，大部分投资者都会选择持币观望，于是导致成交量进一步萎缩。此时，股价的下跌速度通常会放慢，有时可能会收出小阳线。由于买卖双方的意愿未达成一致，持股者惜售，场外投资者持币观望，因此盘中无法成交，使得股价和成交量都处于"停滞"状态。

无量止跌前股价下跌的幅度越大，下跌时间越久，后市止跌反弹或者反转的概率就越高。在出现无量止跌现象之前，股价最好有一个加速下跌的过程，并且在加速下跌的过程中成交量也呈放大趋势。因为成交量越大，说明空方能量释放得越充分，后市行情反转的可能性就越高。在出现无量现象之后，通常会出现一个或者多个止跌信号，如底部十字星、单针探底等 K 线形态。

如图 3-3 所示，该股经过调整后，出现了止跌企稳的迹象，由于下档支撑力度较强，随着技术指标逐渐修复，后市极有可能出现反弹行情。对于这类个股，投资者可适度关注其后市发展。

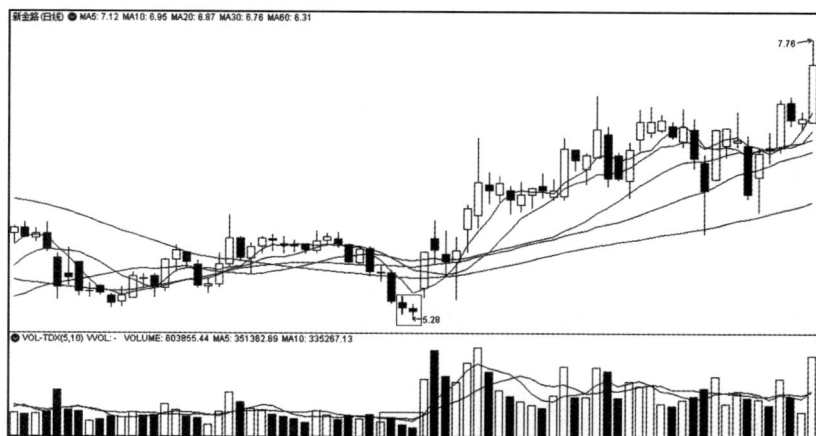

图3-3　底部无量止跌

2. 破解底部温和放量形成之谜

当股价出现一波深幅的下跌之后（下跌幅度一般在 50% 以上），做空能量就会逐步地释放出来，同时卖盘也会变得稀少。在卖盘不断减少的情况下，股价下跌的趋势也在减缓，场内交易清淡，成交量进一步萎缩。随着做空动能的逐步释放，做多动能开始慢慢增加，股价经过长期下跌后，也吸引了不少抄底资金的关注。此刻，场外资金看到做空动能逐步萎缩之后，便纷纷入场抄底。由此，多空双方的立场发生了根本性的转变，这是一种质的变化。在股市中，任何一个质的变化都要经过量的积累才能实现。

从股价跌至底部区域时的成交量低迷，到成交量呈现出逐步放大的趋势，市场人气逐渐变得活跃起来，场外资金也在高度关注市场变化。在成交量温和放量的带动下，股价开始缓慢攀升。当股价运行到市场底部区域时，如果出现温和放量的走势，则证明市场参与操作的人气正处在逐步活跃升温的阶段，原来做空的力量也在逐步地向做多这一方转化，从而使成交量出现逐步放大的现象。每当出现这种走势时，都将预示着后市股价有望走出一波反弹或者是反转的行情，所以，这是一种看多的市场信号，如图3-4所示。

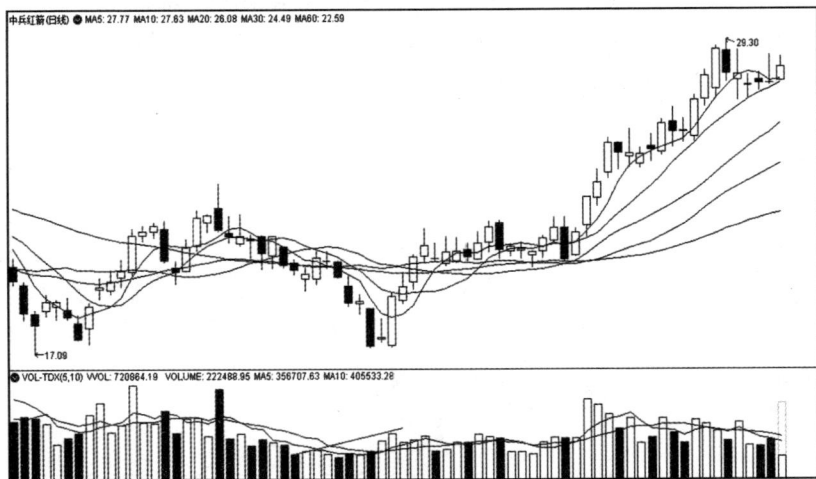

图3-4　底部温和放量

在判断底部是否温和放量时还要把握以下要点。

（1）在出现温和放量之前，通常个股都经历了一段长时间的下跌行情，而且成交量也有一个极度缩小的过程。

（2）在出现温和放量的过程中，一般都有股价的配合。成交量温和放大的同时，股价也在缓慢地向上抬升。

（3）温和放量时，股价在上升过程中始终依托5日均线的支撑，即使股价在下探过程中偶尔会击穿5日均线，也会很快地被重新拉起。

3. 破解底部突放巨量形成之谜

底部突放巨量一般是指某些个股经过了长期的下跌之后，某日突然出现一根放巨量的大阳线，这根大阳线将前面的一根K线甚至几根K线实体全部覆盖住，成交量也呈现出比前几日放大不少，甚至放大几倍的行情走势。突放巨量这种现象大多发生在上涨中途或者是高位区域，这里主要分析一下股价在底部区域时的突放巨量现象，如图3-5所示。

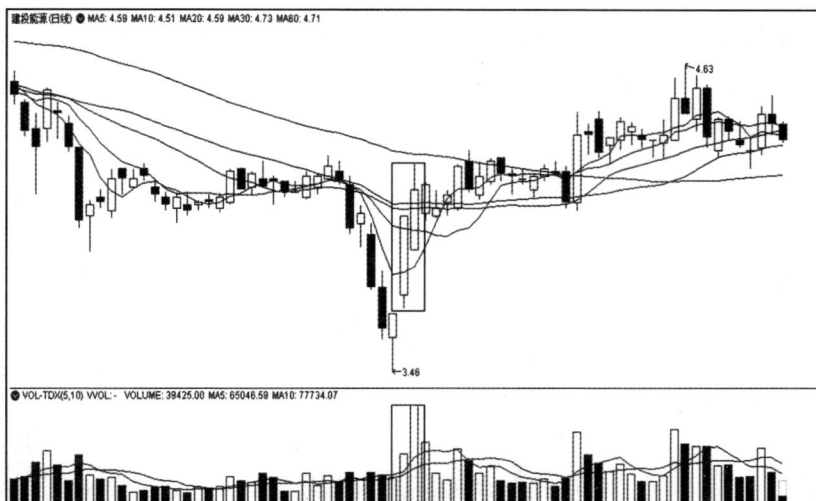

图3-5 底部突放巨量

股价从高位区域开始下跌，随着股价的不断下挫，市场中的抛售筹码也随之逐渐缩量。在经历了一段下跌行情之后，股价开始逐步进入筑底的阶段。在股价筑底的过程中，成交量相对于股价下跌过程中的成交量会出现明显的缩量。随着股价筑底阶段的完成，某日盘中突然呈现出巨大成交量，股价也会出现大幅度的上涨，这就是所谓的底部突放巨量。需要注意的是，股价在底部突放巨量时并不意味着后市一定会出现大涨。

在准确判断底部是否突放巨量时还要把握以下要点。

（1）股价经历了一段长时间下跌的过程，均线系统通常呈空头排列的形态。

（2）在放出巨量之前，如果有一个缩量下跌的过程，还经历了一段长时间的横盘整理，则后市反弹的概率就会增大。

（3）如果在放出巨量的当天股价冲高回落，则后市一般会出现整理的走势，甚至有可能延续下跌的走势。

4. 破解底部地量之后放量形成之谜

底部区域出现地量之后的放量，是指当股价运行到底部区域时，成交量出现一段时间的萎缩，之后出现放量的走势。股价经过下跌行情之后出现这种现象，证明有场外资金已经进场操作，但并不意味着股价就会马上出现上涨行情，投资者还要了解当时的盘面情况和大的环境趋势，如图 3-6 所示。

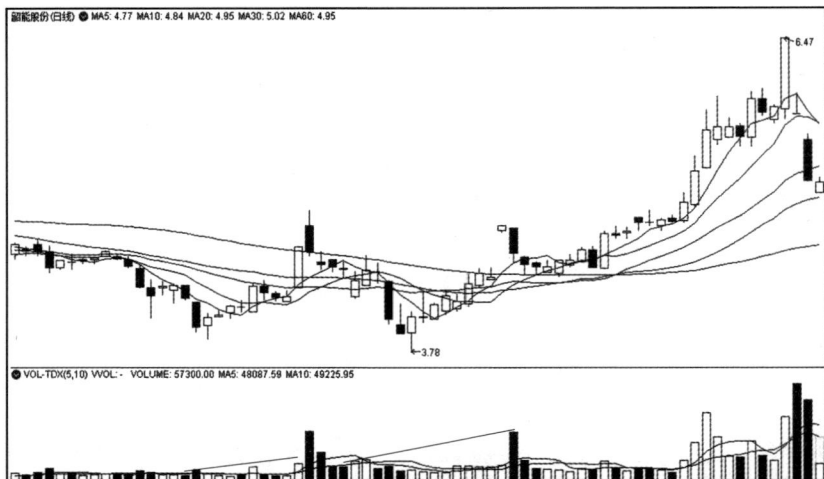

图3-6　底部出现地量之后的温和放量

当股价经过长时间的下跌行情之后，成交量呈现出逐步萎缩的状态。由于盘中做空动能越来越弱，因此股价下跌的速度越来越慢，最后，股价会呈现出小幅震荡的走势，在 K 线走势图上形成横盘筑底或者是反复震荡的走势形态。无论是横盘筑底还是反复震荡筑底，在筑底过程中，成交量通常都会呈现出缩量的现象。当股价筑底逐渐完成后，盘中的持股者也会停止抛售手中的筹码，持股信心也会逐步增强。这个时候，场外投资者看到股价出现了止跌现象，就会诱发他们入场抄底的想法。随着卖盘和买盘之间趋势的不断转化，成交量也会由原来的萎缩状态向逐步放大的方向不断增量。

当出现地量之后放量这种走势之前，股价通常是处于下跌行情的，并且股价的下跌速度也在逐步趋缓。在放量的过程中，股价必须是上涨的，5 日均线呈现多头向上的排列形态；成交量最好是温和放大，如果放量过急，则后市股价继续上涨的可能性不大；大盘最好也处于长期下跌后的底部区域。出现地量之后再放量的走势之前，股价在底部区域横盘整理的时间越长，股价后市出现上涨的概率就越大。

5. 破解底部无规则放量形成之谜

底部无规则放量是指当股价运行到市场底部区域时，经常会出现不规则的放量现象，成交量忽大忽小，丝毫没有规律可循。在成交量无规则放大的同时，股价也随之出现上涨。这种现象通常出现在股价经历了长期下跌之后的底部，有时也会出现在股价反弹回落之后，如图 3-7 所示。

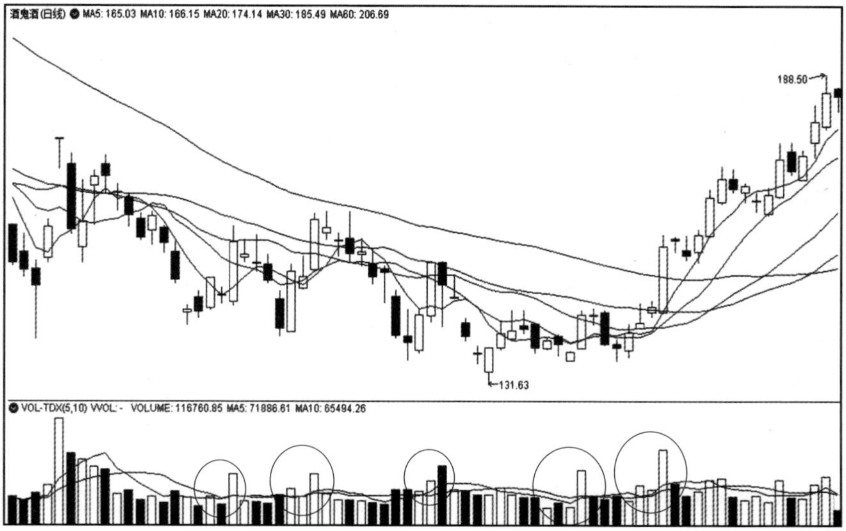

图3-7　底部无规则放量

形成底部无规则放量这种走势的主要原因有以下两点。

（1）主力控盘所为。股价经过一段时间的下跌之后，有主力入驻建仓。当主力基本完成建仓之后，就会采取这种手法来试盘，其主要目的是测试盘中持股者的持股信心以及场外资金的跟风情况。在这个过程中所放出来的成交量，大部分都是主力通过对敲形成的。

（2）短线炒作者所为。当股价运行到市场底部区域时，就会引来短线炒作者的关注。当短线炒作者集中买入时，就会引起成交量的突然放大。在某一天或者某一阶段短线买盘不多，或者场外跟风盘稀少时，就会导致成交量迅速萎缩，从而形成了这种成交量无规则的缩小和放大的现象。

在无规则放量的过程中，均线系统有时候也会出现混乱，有时呈现多头排列，而有时却呈现空头排列，并且两者之间的转化往往是相当快的。股价在底部区域横盘的过程中，如果出现无规则的放量，则均线系统通常都会呈现水平排列。但无论股价处于横盘状态还是震荡状态，半年线始终处于空头排列。

6. 破解底部股价启动初期单日放量形成之谜

当股价在底部区域经过充分整理之后，主力通常就会通过拉高股价来进行试盘。由于在拉高股价的过程中主力频繁地使用对倒（对倒是证券市场主力或主力在不同的证券经纪商处开设多个户头，然后利用对应账户同时买卖某个相同的证券品种，从而人为地拉抬价格，以便抛压或刻意打压后进行低价吸筹的一种手法），所以，成交量就会表现出迅速放大的现象。但放量的当天，股价并不一定会出现大幅度上涨态势，反而有可能出现冲高回落的现象。这是因为主力建仓之后，为了测试自己的控盘程度，而采用对倒的方式来试拉股价，以便测试一下市场和盘中的反应。主力既然要拉高股价，就必须在当天吃进大量的筹码。无论主力采用对倒，还是直接吃进他人的筹码，都会使成交量突然放大。当出现这种走势时，就称为"启动初期的单日放量"，如图3-8所示。

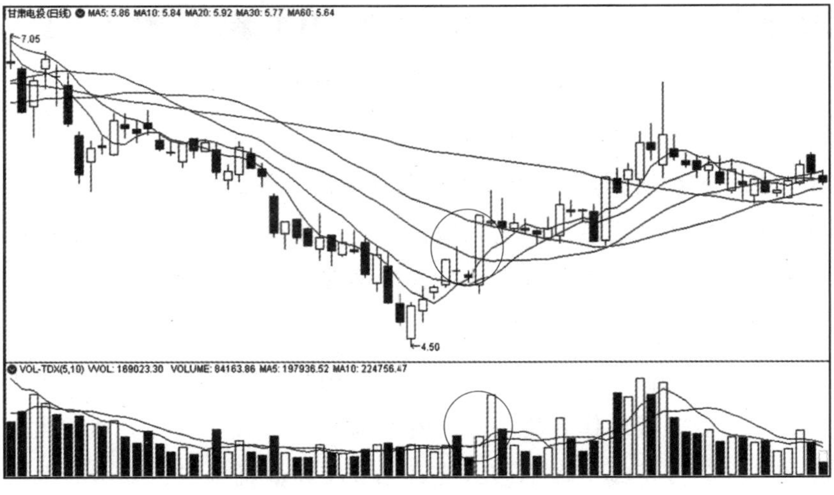

图3-8　启动初期的单日放量

出现启动初期单日放量现象前，股价在底部区域横盘整理的时间越久，后市上涨的动能就越充足。当各条均线都处于黏合状态时，股价突然放量上涨，并且在上涨过程中抛售筹码不多，则后市很可能出现大涨。出现单日放量时，股价至少要突破5日均线的压力，如果能够收出一根大阳线，并且突破所有短期均线的阻力则更好。在放量上涨的过程中，如果股价在分时走势图上的走势很少有盘中回落的现象，则预示着新的一轮上涨行情不久就会到来。

7. 破解底部反复放量形成之谜

底部反复放量一般是指在长期下跌之后的底部或者是阶段性底部，股价出现间断性的放量现象。如果是在长期下跌之后的底部出现这种现象，则后市上涨的机会较大。

个股经过大幅度的下跌之后，引起主力的关注。主力在股价下跌接近尾声的时候，就会对该股进行建仓。当主力基本完成建仓任务之后，股价就会进入筑底阶段。但此时主力并不知道自己的持仓量能否达到绝对控盘的程度，所以，会采用试盘的手法来测试内外盘的动态。

主力在试盘时，主要是采用对倒的手法来拉高或者是打压股价。无论是拉高还是打压股价，主力都要进行自卖自买的操作，成交量随之就会明显地放大。有些主力不仅仅只进行一次试盘，很有可能在底部区域反复进行多次试盘，这样一来就会出现反复放量的现象。有些个股在下跌的阶段性底部区域也会出现这种反复放量的现象，通常出现这类情况就表明主力在出逃。由于主力在股价下跌之前和下跌过程中没有将手中的筹码完全抛掉，同时也想再卖个好价钱，这时主力就会让股价呈现出止跌筑底的行情，以此来迷惑投资者入场接盘。这个时候，主力也会采用对倒的办法来做盘，一般对倒的频率不会很高，此时，反复放量的过程也就是主力出货的阶段。

股价在底部区域经过充分整理之后，如果出现反复放量的现象，那么在出现这种现象之前，各条短期均线系统会处于水平排列的状态，有些甚至会黏合在一起。出现反复放量的走势后，短期均线系统特别是 5 日均线和 10 日均线会呈现出多头排列的形态。如果是主力高度控盘的个股，则在反复放量之前，成交量会出现一个快速萎缩的过程，在这个过程中股价的波动幅度也不大。在股价下跌的阶段性底部（主力故意制造的假底部）出现的反复放量，虽然个股的短期均线系统也会出现走平的现象，但 20 日均线始终会处于空头排列的形态，并且一直是股价震荡过程中的压力线。反复放量之后，股价很快就会继续下跌的走势，并且反复放量震荡的时间一般不会超过 20 个交易日。如图 3-9 所示。

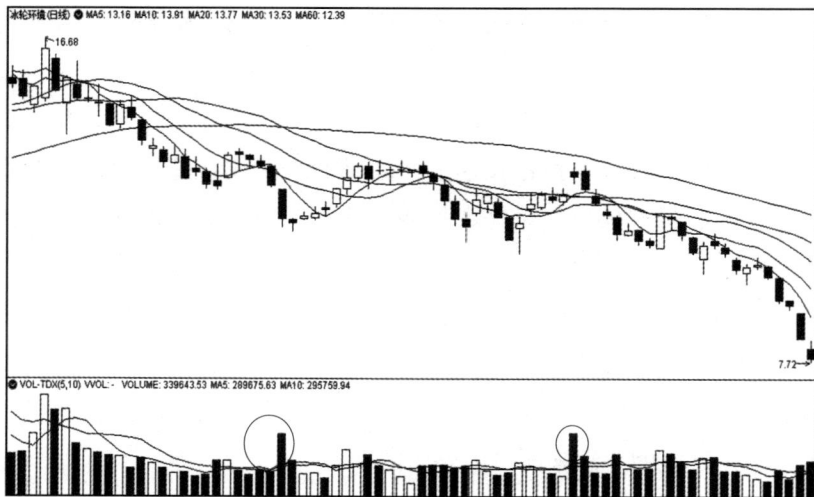

图3-9 假底部的反复放量

8. 破解底部缩量上涨形成之谜

底部缩量上涨是指股价经过一段时期的下跌之后，在底部区域突然缩量但却收出了阳线，股价上涨过程中盘面上很少出现大的买单和卖单，并且连续几天成交量没有明显放量，但股价却出现了不断向上攀升的走势，如图3-10所示。

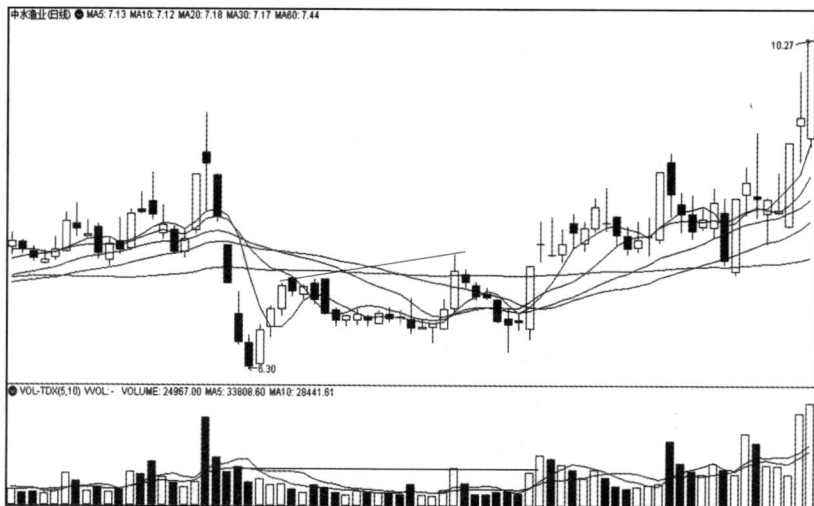

图3-10 底部缩量上涨

缩量上涨的产生主要有以下两种情况。

（1）散户抄底所致。股价经过一段较长时间的下跌之后，做空动能随着股价的不断下跌而逐步释放出来，场内的抛盘逐步减少，持股者出现了惜售心理，所以成交量出现了萎缩。此时，因为股价已经下跌得比较深，就会吸引抄底的散户主动买进，虽然这部分入场的资金不是很大，但在抛盘很少的情况下，股价还是会被推高上涨，所以，股价出现了缩量上涨的趋势。

（2）主力控盘所致。主力在股价下跌的末期开始慢慢建仓，随着股价的不断下跌，主力也逐步完成了建仓动作。在主力建仓的过程中，投资者一般很难在成交量上发现主力是否入驻，因为主力即使在不断地吃进筹码，也不会让成交量表现出过度放大的现象。当主力达到高度控盘的程度后，盘中的抛售筹码就会非常少了。

主力在完成建仓的动作后，一般就是股价筑底接近尾声的时候，此时，大部分筹码都已经被主力所控制，所以盘中的浮动筹码不会很多。在这种情况下，只要主力略微吸纳一点筹码，股价就会表现出这种缩量上涨的走势，这并不表示价量背离，而是表明主力已经达到了高度控盘的程度，不需要太大的成交量也能将股价拉升。需要提醒投资者的是，这里所说的缩量上涨，并不是成交量出现极度萎缩，而是相对于前期没有出现明显的放大而已。在出现缩量上涨之前，假如股价经历了一段时间的横盘整理阶段，并且在整理的过程中成交量也呈现出萎缩的现象，那么可以断定有主力入驻。在这种情况下，如果是因主力高度控盘而出现的缩量上涨，则经过缩量上涨之后，股价一定会有一个放量上冲的过程。

9. 破解底部开盘缩量涨停形成之谜

当股价处于底部区域时，经常有些个股一开盘就呈现出涨停的状态，而且在涨停之后，成交量呈现出萎缩的现象，且几乎没有出现抛盘。

股价经过一波持续下跌的行情之后，做空能量随着股价的下跌而渐渐衰退，使股价的下跌速度放慢，渐渐进入筑底阶段。在筑底的过程中，大部分个股都会出现横盘震荡的走势，但震荡幅度一般都不会很大。随着股价的不断震荡，K线走势图上就会呈现出底部横盘的走势，均线系统出现黏合现象。股价经过一段时间的横盘震荡之后，某一天突然出现开盘就涨停的走势，并且在全天的运行中涨停板都没有被打开，涨停过程中成交也非常少，形成缩量涨停的走势。如图 3-11 所示。

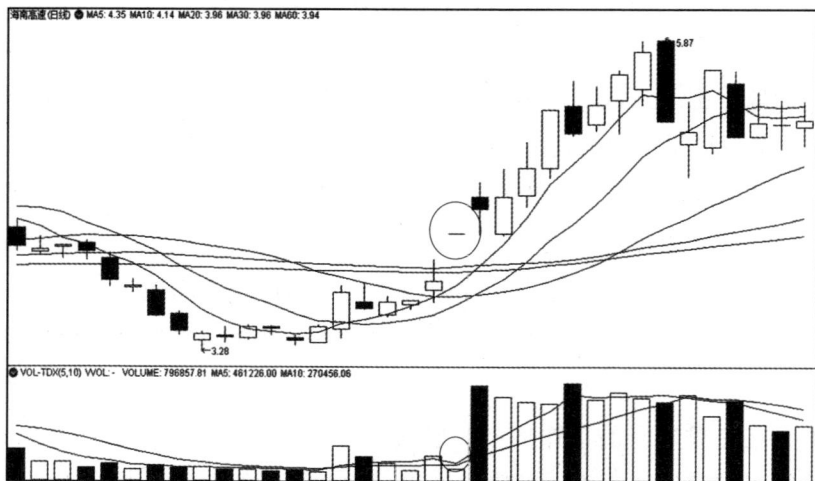

图3-11 底部开盘缩量涨停

当主力高度控盘时，在底部区域常会出现缩量涨停的形态。一般来说，主力在收集完大量筹码之后，下一步就会着手对股价进行打压清洗，从而使得股价在筑底的过程中呈现出不断震荡或者是横盘整理的态势。当盘中的浮动筹码被清洗完毕之后，主力就会开始拉升股价。在主力拉高股价的过程中，由于盘中的浮动筹码极少，再加上此时主力已经把筹码锁定，所以，只要用很少的筹码，就能把股价拉至涨停，并且很容易把股价牢牢地封死在涨停板上。

如果是在主力洗盘结束后出现开盘即缩量涨停的走势，则在此之前，股价会出现止跌的现象，并且会连续收出上涨的小阳线。在主力洗盘的过程中，成交量整体上表现出缩量的特征。

10.破解底部放量滞涨形成之谜

所谓放量滞涨，就是指在成交量明显放大的情况下，股价却出现滞涨，有时甚至会出现下跌或者是大幅度冲高回落的走势。在底部出现放量滞涨的走势时，一般都是主力试盘所为，股价往往出现冲高回落的现象，收盘时收出一根带上影线的 K 线形态。如图 3-12 所示。

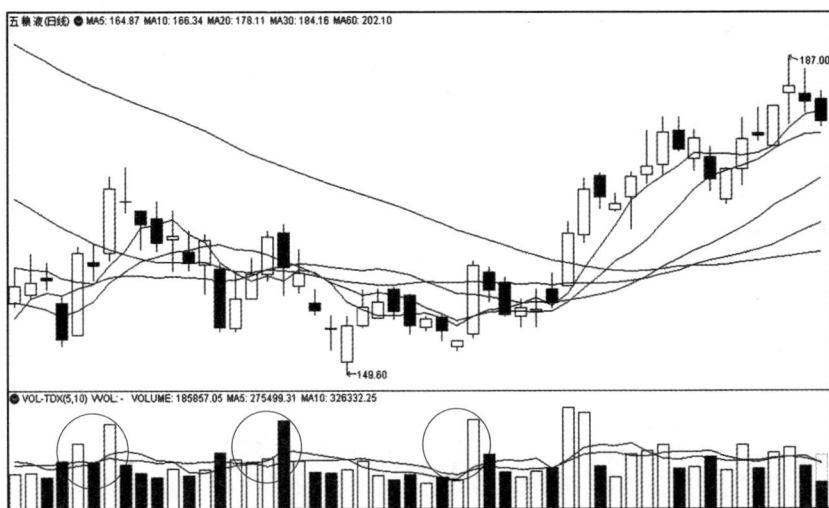

图3-12 底部放量滞涨

　　股价经过一轮下跌行情之后，运行到市场低位区域，盘中的做空动能逐渐弱化，股价的下跌速度也随之放缓。同时，成交量也会由刚开始下跌时的放大转变成逐步缩小的状态。随着逐步止跌，股价出现了反弹或者是横盘震荡的走势。无论是反弹还是横盘震荡，在这个过程中，成交量相对于下跌末期的成交量都会出现明显放大的现象。在反弹或震荡的过程中，股价某一天突然放量上攻，但是在上攻的过程中受到了上档的阻力而回落，收盘时收出一根带上影线的 K 线形态，这根 K 线可能是阴线，也可能是阳线。

　　如果是技术反弹导致股价出现放量滞涨现象，那么股价的冲高则基本上是由散户的买盘推上去的，这时，盘面上的主动性买单是断断续续的而不是持续地向上吃进，并且很少有大单吃进的现象。当股价上冲到一定程度时，盘面上就会不断出现抛盘，股价随后出现震荡下跌的走势。

　　如果出现放量滞涨是主力试盘所为，那么在股价上冲的过程中，盘面上就会出现大量的大单主动吃进，并且这些大单都是主力的对倒单。股价在分时走势图上会呈现出直线式的上升。有时主力甚至会向上跳高几个价位吃进，把股价迅速拉起。当股价上冲到一定程度时，主力同样会采取对倒的手法把股价打压下来，这时盘面上就会出现大卖单，将股价打低几个价位直接向下抛售，股价随之出现快速下跌，在分时走势图上呈现出直线式的下跌。

11.破解底部横盘之后放量破位形成之谜

横盘之后的放量破位是指股价在低位区域横盘一段时间后突然下跌，并且跌破了这个横盘的平台，在下跌过程中成交量也迅速放大，如图3-13所示。

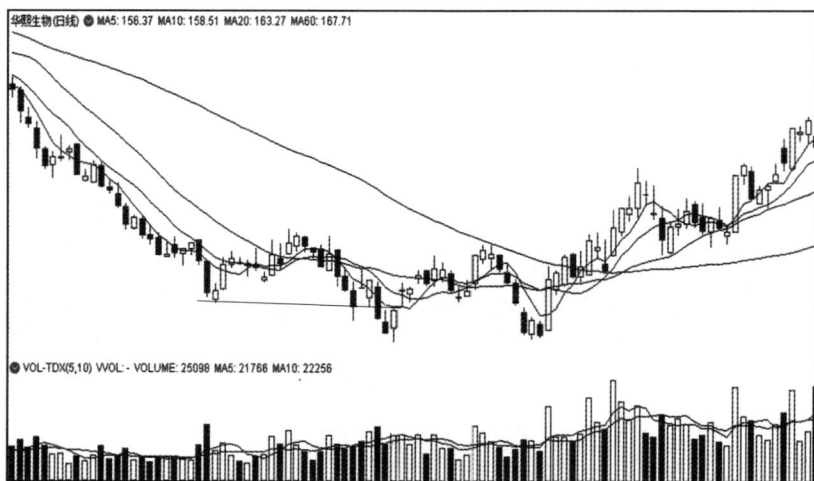

图3-13　底部横盘之后的放量破位

当股价经过一段时间的下跌之后，做空的能量就会被释放出来，此时，股价的下跌速度也会逐渐放慢，并出现止跌迹象。随后股价呈现出低位震荡整理态势，而且震荡的幅度也不是很大，有时会出现横盘的走势。无论股价是横盘整理还是震荡整理，成交量都会表现出萎缩或忽大忽小的现象，此时成交量的萎缩主要是由于盘中的交易清淡而造成的。出现交易清淡的原因一方面是由于主力高度控盘所致，另一方面是因做空动能衰竭以及买盘稀少所致。

假如横盘之后的放量破位是主力故意打压股价造成的，那么在放量破位下跌的当天，盘面上会出现一个明显的特征，即盘中会不断出现大手笔的卖单，直接把股价打压下去，在分时走势图上股价呈现出直线下跌的走势。出现放量破位的下跌走势之后，股价很快就会止跌企稳，止跌的时间一般不会超过四天，而且下跌过程中成交量迅速萎缩。

如果横盘之后的放量破位走势不是主力控盘所致，则在放量下跌的当日，股价一般会呈现震荡下跌的走势，而且盘中很少出现上千手的直接抛单。股价放量破位之后，很难在短时间内出现止跌企稳的走势。

（二）应对底部区域各种量价关系的策略

1. 应对无量止跌行情的策略

当市场出现底部无量止跌的行情时，投资者可以采取以下应对策略。

（1）股价经过一段长期下跌之后，出现这种无量的沉闷走势，并不代表股价马上就会迎来上涨行情，但股价的下跌幅度和速度都会放慢，或者是出现止跌的现象。当出现这种止跌现象之后，股价一般都会开始筑底，但股价此后能否走出一波反弹行情，甚至是一波上涨行情，还必须看后期的场外资金入场的意愿以及场内的抛盘情况。投资者遇到这种无量止跌的走势时，应继续在场外观望，待形势明朗后再跟进操作。

（2）当遇到无量止跌的走势时，投资者一定要仔细观察和研究成交量和股价之间的趋势转化过程，不要一看到无量止跌就认为股价一定会迎来反弹行情，从而盲目地跟进操作。

（3）出现无量止跌的走势之后，如果股价出现快速反弹，技术基础非常好的投资者此时可以短线参与抢反弹的行情，但是一定要时刻警惕，一旦股价出现冲高受阻的走势就要立刻卖出，不应再幻想股价会继续向上攀升。有亏损的投资者也要果断地斩仓出局，进而避免更大的损失。

（4）当出现无量止跌的走势后，如果成交量和股价变化趋势之间转化得非常顺利，那么就意味着股价将会走出一波反弹行情。投资者在成交量出现温和放大并且股价也呈现出上涨的行情时，可以跟进参与其中。

（5）出现无量止跌的走势后，如果股价一开盘就出现涨停，则只要在股价封住涨停的过程中不出现过度放量，投资者就可以适当地入场参与操作。操作中，投资者可以在第一个涨停板排队买进；然而，如果在涨停过程中成交量呈现出极度放大的状态，就意味着盘中的抛盘现象非常严重，股价将很难保持强势的反弹走势，投资者一旦发现后市股价出现了上涨力量不足的迹象，就要果断卖出手中的筹码。特别需要提醒大家的是，当出现放量冲高回落的走势时，千万要注意回避股价重回下跌通道的风险。

2. 应对温和放量行情的策略

当市场出现底部温和放量的行情时，投资者可以采取以下应对策略。

（1）当股价经过一段时期的下跌后，在底部出现这种温和放量的走势，标志着股价即将摆脱下跌的趋势，市场的做多热情逐步地被激发出来。特别是当股价经历了长达一年甚至是几年的下跌行情之后，个股在底部出现温和放量的走势，一般标志着股价即将出现反弹行情，并且绝大部分反弹行情最终都会演变成反转行情，有些甚至会走出一波大幅度的上涨行情。出现温和放量的同时，如果股价能够稳健地向上攀升，则后期将会出现一波长期的上涨行情，股价上涨的幅度一般都会在一倍以上。但是，也不能认为股价在底部出现了温和放量的走势，后市就一定会出现大幅度的上涨行情。如果大势不好，或者个股遇到突如其来的利空消息，也会导致反弹行情的夭折。所以，当遇到底部温和放量的个股时，投资者还要密切关注大盘的走势，时刻留意消息面的动态。

（2）成交量缩小之后，假如随之而来的是成交量出现温和放大，逐步完成由原来的缩量到温和放大的转化过程，并且股价也跟随成交量的温和放大而向上攀升，则可以在股价站稳在5日均线之上时买进。买进之后，投资者应时刻注意盘面上的动态，一旦消息面上出现了利空消息，就要及时获利了结。

3. 应对突放巨量的策略

当市场出现底部突放巨量的行情时，投资者可以采取以下应对策略。

（1）当股价在下跌过程中出现突放巨量的现象时，投资者不要轻易地入场抢反弹，要认真分析此时成交量放出巨量的真正原因。一般在股价经历了一段长期的下跌之后，并且在底部区域进行了长时间的筑底之后，出现这种突然放巨量的现象，预示着主力正在试盘。当主力试盘导致成交量在底部放出巨量，并不意味着股价就会呈现放量上涨。在试盘时，主力常采用对倒手法来刺激和调动市场的气氛，盘中的成交量大部分都是由主力对倒产生的。如果主力发现盘中的浮动筹码不是很多，并且场外资金进入比较积极，则说明已经高度控盘。在这种情况下，主力很有可能会进入拉升阶段；反之，如果主力试盘时发现自己还不能够控盘，在股价拉高的过程中，盘中的浮动筹码不断地涌出，那么主力就会继续打压股价以再次收集筹码，从而导致股价继续下跌。

（2）如果是在下跌中途突然出现放巨量的现象，则投资者尽量不要去参与，因为这很可能是股价下跌途中的"回光返照"现象。假如是股价在底部经过一段时间整理之后出现的突放巨量，并且股价当天出现冲高回落的走势，投资者也不要急于进场买进，应等到股价企稳回升并第二次出现放量时再入场参与操作。

（3）如果股价处于底部区域，而且是经过充分整理之后出现突放巨量的现象，则只要股价跟随成交量的放大而上涨，投资者就可以入场操作。

（4）如果股价在下跌途中出现一根突然放量上涨的大阳线，而且在出现放量的大阳线之前，股价也没有经过充分蓄势筑底，则说明这种走势往往只是股价下跌过程中的一个小插曲而已，并不意味着股价将会出现反弹。往往在出现这种走势的次日，股价将继续进入下跌通道。当投资者遇到这种走势的个股时，千万不要盲目入场操作。

4. 应对地量之后放量的策略

当市场出现底部地量之后放量的行情时，投资者可以采取以下应对策略。

（1）当股价在市场底部出现地量之后放量这种走势时，意味着市场人气已逐渐活跃起来。成交量的放大，特别是股价在底部经过一段时间的横盘蓄势整理之后出现的放量，表明有新的主力进驻。但缩量之后出现放量，并不代表股价会立即上涨，关键要看放量过程中买卖双方的力量强弱。如果放量的过程中不断有买盘涌现，并且在股价上涨的过程中很少出现主动性抛盘，成交量能够持续放大，而不是由大量的对倒盘形成的，收盘时没有留下长长的上影线，则预示着股价即将迎来一波反弹甚至是反转的行情；如果股价在放量上涨的过程中不断有卖盘涌现，并且此时很少有主动性的买盘，股价在全天的运行中不断有对倒盘出现，则预示着盘中的浮动筹码比较多，虽然股价经过了一段时间的下跌，空方的能量也释放得差不多了，但由于盘中持股者的信心不够坚定，后市出现快速反弹的行情不是很现实，反而有可能会继续下跌，或者出现震荡整理的行情。

（2）在实际操作中，当遇到股价在底部区域出现缩量之后再放量的个股时，不要盲目地在放量时入场操作。只有在出现这种走势之前，股价在底部区域经历了一段时期的横盘整理，并随成交量的放大而上涨，且站稳 10 日均线时，投资者才可以入场操作。

（3）底部出现地量后放量这种走势之前，如果股价在底部区域已经持续了一段时间的横盘整理阶段，而且各个均线系统几乎黏合在一起，形成水平方向的排列，则一旦股价出现放量上涨，并且各个均线系统形成多头排列时，投资者就可以果断入场操作。

5. 应对无规则放量行情的策略

不管是在长期下跌之后的底部区域，还是在股价运行的阶段性底部区域，出现无规则的放量，并非意味着股价一定会出现反弹或者是反转行情。但在长期下跌的底部区域出现这种现象时，股价后期出现反弹或者是反转行情的概率则非常大。假如在股价下跌的中途出现这种现象，一旦后期股价跌破此阶段性底部，则预示着新一轮的下跌行情即将开始。当股价在底部区域出现无规则放量的行情时，投资者可以采取以下应对策略。

（1）当股价在底部区域震荡的过程中出现无规则放量的走势时，一旦股价向上突破此震荡整理的平台，投资者就可以果断入场操作。

（2）如果股价经过一段长时间的下跌之后，在底部区域出现无规则放量的现象，而且股价是处于底部横盘整理的走势，此时，投资者应密切关注该股后期的走势。只要在无规则放量的过程中股价能够放量上涨，而且在上涨的过程中很少有抛盘出现，一旦股价再次启动向上拉升，投资者就可以果断入场操作。但在股价没有启动的迹象之前，特别是在盘中出现大量抛盘时，投资者则不要轻易入场。

6. 应对股价启动初期单日放量行情的策略

股价在底部区域经过充分的蓄势之后出现启动初期单日放量的现象，标志着已经有主力入驻，并且主力已经进行了一段时期的建仓，主力放量拉高股价的真正用意是试盘。既然是试盘，主力就会根据试盘的情况来决定是否要继续拉抬股价。因此，当出现这种单日放量的现象时，股价后期走势就要依据盘面上的具体情况而定。如果在主力试盘的过程中很少有抛售筹码出现，就说明主力锁筹很高，控盘很牢固，在这种情况下，主力很快就会展开拉升行情；如果盘中的抛盘现象很严重，那么主力很可能就会继续打压股价来进行洗盘，股价在短期内就无法走出上涨行情。当市场出现股价启动初期单日放量的情况时，投资者可以采取以下应对策略。

（1）如果是在股价下跌的过程中出现这种单日放量，并且在出现单日放量现象之前，股价并没有经过充分的蓄势，那么此时投资者就不要轻易地进场参与操作。在这种情况下出现单日放量的走势，一般来说股价还会继续下跌。

（2）如果股价在底部经过充分蓄势之后出现启动初期单日放量这一走势之后，紧接着出现了震荡回落，则一旦股价回落企稳，投资者就可以果断入场买进。股价回落企稳的标志是——卖盘很少，买盘却在不断地增加，股价出现下跌无力的迹象。

（3）如果股价是运行到底部区域，并且是经过充分整理之后出现启动初期单日放量的，则只要股价在放量上涨的过程中不出现大量的抛盘，并且上涨动力充分，一旦股价次日向上发力，投资者即可积极参与。

7. 应对反复放量行情的策略

股价经历了大幅度的下跌之后，由于主力的入驻，使得股价进入筑底阶段。在这个阶段反复出现放量，标志着主力的建仓任务已基本完成，但这并不意味着股价立刻就会出现上涨行情。行情能否马上启动，还要看盘面上浮动筹码的情况。如果盘中浮动筹码较多，那么主力就会进入洗盘阶段。洗盘阶段虽然股价继续下跌的幅度很有限，但也存在一定的风险。浮筹清洗完之后，股价将会出现上涨行情；相反，如果试盘过程中主力发现盘中的浮动筹码并不是很多，那么主力可能马上就会启动拉升行情。在股价下跌的过程中出现这种反复放量的现象，很有可能是主力在采用对倒的手法来引诱投资者接盘，主力真正的目的是出货。所以，当反复放量之后，如果股价破位向下运行，就标志着新一轮的下跌行情已经展开，而且下跌的幅度往往会很深。投资者遇到这种走势的个股时，一定要高度谨慎。当市场底部出现反复放量的行情时，投资者可以采取以下应对策略。

（1）股价经过长期下跌后，在底部出现反复放量的现象，并且在反复放量之前，股价经历了一段时期的震荡整理，则出现这种走势就可以断定是主力在试盘。只要在试盘过程中不出现大量的抛单行为，股价就会很快进入拉升阶段。

那么究竟怎样才能判断盘中是否有大量的浮动筹码呢？投资者可以通过观察主力拉高股价的时盘中是否有主动性的卖盘出现得出结论。如果在股价上扬的过程中主动性卖盘很少，就说明盘中浮动筹码比较少，反之则标志着盘中的浮动筹码比较多。如果盘中的浮动筹码比较稀少，那么主力经过试盘之后就会开始拉升股价。一旦股价放量上冲拉离整理平台，投资者就可以果断入场操作。此时盘中的特征是：在委买处会不断地有大买单挂出，而在委卖处却都是一些小单挂在上面，很少有大单出现。

（2）如果主力在试盘时发现盘中的浮动筹码比较多，则会打压股价进行洗盘，此时投资者就不宜进场操作，而是应等到股价企稳后再次上涨时入场。股价企稳上涨时盘面呈现出的特征是：收出探底的 K 线形态、盘中出现大单封住下跌空间等。

（3）如果股价在下跌途中没有通过充分整理就出现这种反复放量的现象，此时，投资者不要盲目入场操作。一旦股价再次破位下跌，持有该股的投资者就应果断斩仓出局。

8. 应对缩量上涨行情的策略

如果缩量上涨是由于股价大幅下跌后持股者惜售导致的，则这种走势预示着股价的此次上涨只是下跌途中的一个技术性反弹而已。因为这种上涨只是由于抛盘暂时减少导致的，没有更多的主动性买盘涌进。在没有场外资金介入的情况下，股价要持续上涨是绝对不可能的，盘中必然会再次出现抛盘，因此股价下跌就是必然的趋势了。如果缩量上涨是由于主力建仓导致的，那么在主力完成建仓之后，势必会对股价进行拉升，在这种情况下，股价的上涨只是早晚的事情。主力操作的最终目的就是为了赚钱，而要赚钱就必须拉高股价。

投资者遇到这种底部缩量上涨的个股时，关键要分析是什么原因导致股价在缩量的情况下出现上涨，把这个问题弄明白了，后面的操作就简单了。

当市场底部出现缩量上涨的行情时，投资者可以采取以下应对策略。

（1）当遇到底部缩量上涨的走势时，投资者首先要分析清楚出现这种走势的根本内因，判断是否有主力入驻。在确定有主力入驻之后，不要急于入场操作。因为主力建仓成功之后，并不一定会立刻进入拉升阶段。如果盘中的持筹者信心不稳固，主力肯定会先进行洗盘操作。

（2）当出现缩量的走势之后，如果突然出现放量上涨，并且在上涨的过程中盘面上的抛盘很少，就意味着主力开始拉升股价了，此刻，投资者可以果断地跟进。当出现这种情况时，盘面上有一个很明显的特征——股价上涨的过程中会不断地有主动性的大买单吃进，并且上档的抛单相当少，在委买处经常会有大单挂出。

（3）股价在放量拉升的过程中，如果盘面上出现大量的主动性抛单，那么，此时不要入场操作。因为抛单多的话，主力肯定会先对盘面进行打压洗盘，投资者应该等到主力洗盘结束之后再入场操作。主力洗盘结束后，盘面上也会留有很明显的特征——委买处经常会挂出大笔的买单，但委卖处很少有大卖单出现，盘面上也很少有主动性的卖单出现，同时成交量出现萎缩的现象。

9. 应对开盘缩量涨停的策略

不管股价是在处于市场底部区域，还是在经过充分洗盘之后出现这种开盘即缩量涨停的走势，都标志着个股中有主力在控盘，而且主力已经把筹码锁得非常牢固。在这种情况下，该股后市一定会出现上涨行情，并且很可能会立刻出现快速拉升的行情，不排除连续拉涨停现象的发生。

当市场底部出现开盘缩量涨停的行情时，投资者可以采取以下应对策略。

（1）如果股价在底部区域出现开盘即涨停的走势，并且在全天的交易中成交量始终没有放大，则投资者可以在尾市收盘前半小时挂单排队买进。

（2）如果个股是超强势股，则投资者很难在股价第一天封住涨停时买进，但投资者可以在第二天开盘时直接买进。

（3）有些个股在出现开盘缩量涨停的走势后，股价在上涨的中途会有一个回探的过程，当股价回探到5日均线附近时，会受到支撑而回升，此时也是一个很好的买进时机。

10. 应对底部放量滞涨的策略

当市场出现底部放量滞涨的行情时，投资者可以采取以下应对策略。

（1）每当遇到个股在低位放量滞涨时，投资者不应急于入场操作，因为即便是主力试盘导致出现的这种走势，后期股价也会有一个回落的过程。

（2）当确认股价放量滞涨是由于主力洗盘所致时，投资者可以等待股价再次回升到放量滞涨时出现的高点，并且能够成功突破这个高点后再入场买进；或者在股价回升的过程中分批逢低买进，待股价突破前面放量滞涨时的高点后再加仓买进。

11. 应对横盘之后放量破位的策略

当股价下跌了一定的幅度，进入横盘整理或震荡之后，出现放量破位下跌的走势，则个股后市很可能会继续下跌，甚至会出现加速下跌的行情。如果下跌是主力控盘所为，那么在股价放量破位下跌之后的一两天内，成交量便会迅速萎缩，股价随后会走出一波上涨行情。但是在一般情况下，主力很少会采用这种手法来做盘，因为这种做盘方式需要增加很多的拉升成本，若不是资金雄厚的主力，一般不会采用这种方法。

当市场出现底部横盘之后放量破位的行情时，投资者可以采取以下应对策略。

（1）当遇到股价在低位区域横盘或者是震荡的走势时，投资者不要急于入场操作，应先看一下横盘或震荡之后的股价走势，然后决定如何操作。

（2）股价经过横盘整理之后，一旦出现这种放量破位下跌的走势，投资者千万不要急着去抄底。如果次日股价不能企稳走强，那么不但场外的投资者不能买进，持股的投资者也应果断地清仓卖出。

（3）出现放量破位下跌的走势之后，如果股价出现回升现象，且在回升的过程中成交量迅速放大，则投资者不宜买进，因为这种回升往往是股价下跌途中的昙花一现，投资者应在股价回升无力时果断卖出该股。

三、上涨初期的量价关系分析

（一）破解上涨初期的量价关系之谜

当股价脱离底部开始上涨时，由于股价在运行趋势上发生了改变，由原来的下跌趋势转变为逐步攀升的趋势，因此在这个转化过程中，成交量也会发生相应的改变。投资者只有掌握了股价在上升初期的一些量能上的变化规律，才能通过成交量的变化来分析和判断股价的动态，从而更准确地预测股价的走势，在股价上升初期及时建仓，稳健达到获利的目的。下面重点解析股价在上涨初期的一些典型的量价关系形态。

1. 破解上涨初期的温和放量拉升形成之谜

上涨初期的温和放量拉升是指股价在上升的途中，成交量出现逐步放大，或者说出现有规律性的渐渐递增的放量的现象，而不是无规则的忽大忽小的放量。股价脱离底部区域之后开始渐渐上涨，此时场外资金也会渐渐活跃起来，入场参与操作，成交量在盘面上会出现温和放量的走势，股价上涨的节奏也比较稳健而有力。

需要提醒的是，在形成这种温和放量拉升的过程中，量价的配合要非常完美。也就是说，在成交量温和放大的同时，股价在整体上必须要呈现出逐步攀升的走势，即股价既不能攀升过猛，也不能出现行情不稳的大幅震荡态势，而是要呈现出稳定的运行状态。

在出现温和放量之前，成交量要有一个缩减的过程，股价也要有一个筑底的过程，哪怕这个筑底的时间只有短暂的几天。在筑底的过程中，股价应为小幅震荡或者是横盘整理的走势，K线走势图上大多收出小阴、小阳的K线形态。

在出现温和放量拉升之前，股价必须经过一波长期的下跌行情，且下跌幅度应在 50% 以上。如果在快速暴跌之后立刻出现这种温和放量的走势，则这种上涨行情将不会持续太久。

　　如图 3-14 所示，该股呈现出前期底部构筑扎实的现象，而且连日出现缩量调整的走势，中短期技术指标也调整到位，补涨要求不断上升，后市在板块轮动中酝酿着新一轮的上攻行情，投资者对于类似个股应该高度关注。

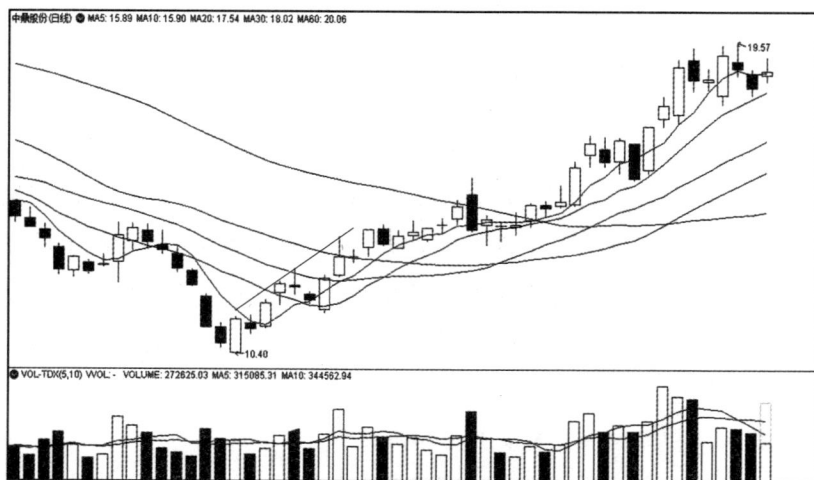

图3-14　上涨初期的温和放量拉升

2. 破解上涨初期的巨量拉升形成之谜

　　当股价下跌到一定程度之后，就会进入筑底阶段。这时，股价可能会由原来的单边下跌走势演变为低位横盘的走势或者是低位震荡的走势。也有些个股经过长时间的下跌之后，逐步放缓下跌的速度和幅度，随后转变成慢慢回升的走势。不管股价在低位横盘筑底还是震荡筑底，当股价慢慢被拉离底部时，成交量都会出现渐渐放大的现象。在震荡拉升的过程中，成交量将随着股价的向上震荡放大，呈现出有规律的交替放量和缩量的形态。

　　当股价经过一段时间的上涨，股价慢慢被拉离底部区域一段时间之后，会出现大幅的放量拉升，呈现出明显的上升趋势（这里所说的拉离底部区域一般是指股价相对于底部区域上涨幅度大于 10%）。当股价逐步脱离底部区域之后，会突然发力向上攀升，而且放出巨大的成交量。在成交量不断放大的同时，股价也跟着向上大幅度拉升，特别是在股价运行到 60 日均线或者半年线附近时出现的大幅度放量拉升，就被称为上涨初期的巨量拉升。如图 3-15 所示。

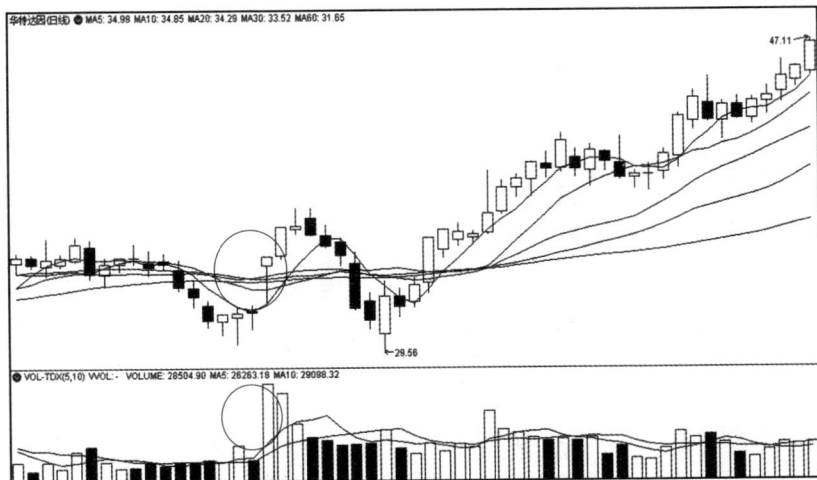

图3-15　上涨初期的巨量拉升

一般在出现巨量拉升之前，股价都必须经历一轮长期的下跌行情，下跌幅度通常在 50% 左右。在巨量拉升之前，股价必须有一个逐步上涨拉离底部的过程。在巨量拉升的时候，5 日均线应在 10 日均线之上，并且呈现出大于 45° 的倾斜度向上运行，5 日均线、10 日均线、30 日均线必须呈多头排列。

3. 破解上涨初期缩量涨停形成之谜

上升初期的缩量涨停一般是指股价经过一波下跌行情，并完成了筑底过程，股价开始慢慢上升运行，并逐渐脱离底部区域，随后出现加速拉升至涨停的现象。然而在涨停的过程中，成交量不但没有增量的迹象，反而出现了严重的缩量现象，如图 3-16 所示。

当股价经过长时间的下跌之后，做空动能不断衰竭，盘中的卖盘行为也渐渐变弱，股价缓缓地进入了筑底回升的阶段。在股价进入筑底过程之前，成交量出现明显萎缩的现象，但在股价筑底回升之后，成交量会呈现出逐渐放大的态势。因为随着股价筑底的完成，场外资金会渐渐涌入场内做多，所以，成交量就会不断放大。

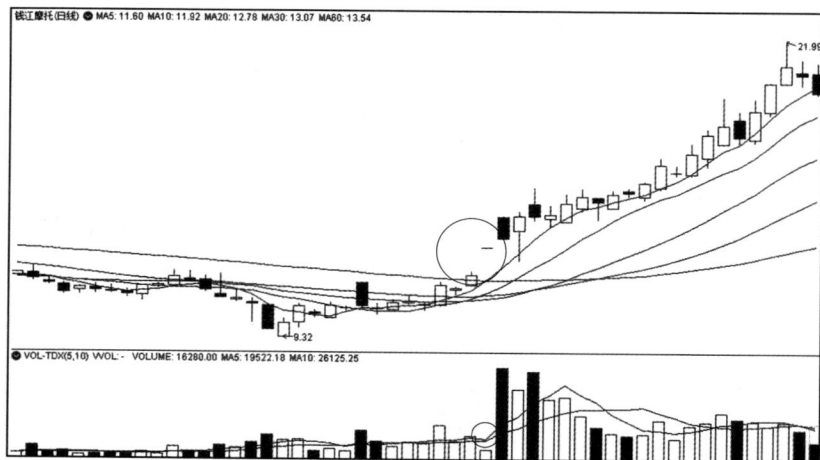

图3-16　上涨初期的缩量涨停

有些个股在股价上升到离底部一段距离之后，会出现横盘整理的行情。这种行情主要是主力洗盘造成的，横盘整理的主要目的是清洗掉盘中的短线获利筹码，进而达到高度控盘的程度。经过充分洗盘之后，主力突然让股价大幅度高开，有的甚至出现一开盘就涨停的现象。股价涨停之后，盘中的成交量一直表现出萎缩的状态。

有些个股的表现是当股价拉离底部区域之后，运行到重要技术压力线，如60日、120日均线附近时，会突然出现大幅度的上涨态势，有的甚至会出现一开盘即涨停的现象，以向上突破这些阻力位。但在大幅度上涨或是开盘就涨停后，个股的成交量一直呈现出萎缩的状态，并且缩量的态势一直维持到当天收盘为止，从而形成这种缩量涨停的走势。

这种走势一般出现在股价经过一波大幅的下跌行情，完成了筑底走势，且股价已脱离底部一段距离之后。股价在上涨拉离底部的过程中，成交量也应是放大的，但放量不能是连续放巨量。当出现缩量涨停时，5日均线应呈现陡峭向上运行的状态，并且10日、20日均线呈现出多头排列的形态。如果出现一开盘就向上跳空涨停的走势，即使在接下来的几天里股价出现回落，当回落到这个跳空缺口附近时也必将得到强大的支撑。

4. 破解上涨初期放量冲高回落形成之谜

上涨初期的放量冲高回落是指上涨初期当股价脱离底部区域之后，股价突然加速上涨，并且成交量也随之放大，但股价上冲之后很快受阻而迅速回落，直到收盘为止，股价收出一根带长上影线的K线，这根K线可以是阴线，也可以是阳线，如图 3-17 所示。

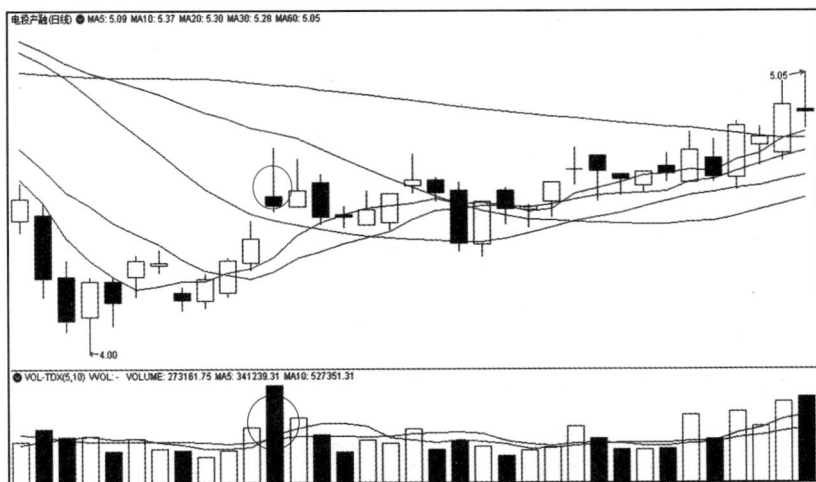

图3-17　上涨初期的放量冲高回落

出现放量冲高回落的主要原因是由于上档的抛盘沉重。前期在重要技术位置往往积累了大量的套牢盘，当股价运行到这个位置时，很多持有该股的投资者就会纷纷解套。另外，这个点位对散户来说也是一个非常好的出货机会，在此，很多已经获利的投资者会在股价上冲至该位置时获利了结。这两个原因最终导致了股价冲高未能成功。

当出现上涨初期的放量冲高走势时，股价应已脱离底部区域，而且从底部区域向上攀升的幅度要在 10% 以上，如果达不到这个指标，则上涨趋势将会夭折。当出现了上涨初期的放量冲高走势时，10 日、30 日均线必须呈多头排列，而且股价在冲高回落之后的当天不能跌破 5 日均线的支撑。

一旦出现放量冲高回落的走势之后，如果后面的股票价格出现了快速回落的走势，则应该在回落到 30 日均线附近时止跌。当股价回落到 30 日均线附近时，当天可以击穿 30 日均线，但次日股价一定要上涨，并且要在 3 日之内重新站上 30 日均线。如果走势达不到上述要求，则股价将会出现一波调整行情。

（二）应对上涨初期各种量价关系的策略

1. 应对温和放量拉升的策略

股价经过一轮长期的下跌行情之后，在底部区域出现温和放量的走势，预示着股价即将出现一轮上涨行情。而在拉升初期出现温和放量的走势，是股价运行趋势转化的一个必然过程，这标志着股价将由原来的下跌趋势转化为上升趋势。需要提醒投资者注意的是，在拉升初期出现温和放量的过程中，投资者一定要仔细分析研究成交量的细微变化，认真理解领会温和放量的真正内涵，否则很容易造成判断失误。当出现温和放量拉升时，投资者可以采取以下应对策略。

（1）假如在上升初期遇到这种温和放量拉升的个股，一般情况下，在冲击30日均线时，股价会有一个回落的过程。当股价回落到10日均线附近得到支撑后，投资者便可以放心买进。在这里需要提醒投资者的是，在股价回落的过程中，成交量必须是缩量的（由主力故意对倒产生放量的除外）。

（2）如果经过分析研究，认定这种温和放量拉升走势是主力所为，那么，一旦股价向上突破10日均线，投资者就可以放心买进。

（3）股价一般会在上涨初期出现温和放量拉升，并直接突破60日均线的阻力之后出现回落。但只要股价在回落的过程中能够连续3日站稳在60日均线之上，而且成交量在回落过程中也未出现放大的情况，那么等到股价再次出现回升的时候，投资者就要把握好这个时机立即跟进。

2. 应对巨量拉升的策略

股价从底部区域逐步上涨，拉离底部区域后出现巨量拉升的走势，意味着买盘量在不停地增加，同时也说明主力正在发力上攻。但在出现这种走势之后，并不代表股价立刻就会出现快速上涨的行情。

主力的试盘行为往往会导致突然出现巨量拉升的走势。主力试盘既是为了测试盘中的浮动筹码情况，又是为了测试上档压力盘的情况，同时通过这种巨量快速拉升的手法，让那些在底部入场的短线投资者能够见好就收，从而使主力能够更牢固地锁定筹码。当出现巨量拉升的行情时，投资者可以采取以下应对策略。

（1）当出现巨量拉升时，如果股价为大幅度向上跳空高开的走势，那么当股价回落到这个跳空缺口附近受到支撑后，投资者就可以放心买进。

（2）如果是在股价运行到半年线附近时出现这种巨量拉升，则股价一般会在上冲到半年线之后有一个回落的过程。当股价缩量回落到 10 日均线附近受到支撑企稳后，投资者便可以放心地买进。有些个股在冲击半年线之后会出现小幅的回落，但不会跌破半年线的支撑。如果股价能够连续 3 日在半年线附近站稳，只要股价再次放量上涨，投资者就可以立刻买进。

（3）当出现这种巨量拉升的态势之后，股价通常会有一个回落的过程，一般股价回落的幅度大多是在 10% 左右，并且股价回落之后很快就会重回升势。所以，投资者在遇到这种突然放巨量拉升的个股时，不要急于入场操作。

3. 应对上涨初期缩量涨停的策略

当股价在脱离底部区域之后突然出现缩量拉升，特别是在股价经过一段时间的上涨拉离底部区域，再进入一段时期的横盘整理后，某日突然出现一开盘就涨停的走势，股价在全天的运行当中涨停板始终没有被打开，而且成交量也一直处于萎缩的状态，则意味着主力已经高度控盘。此时，主力只需要用少量的筹码，就能把股价拉高许多，甚至可以用把股价直接拉至涨停板的形式来突破上档的压力。出现这种走势标志着股价即将启动一波上涨行情，并且一般都会在出现这种缩量拉升的走势之后立即进入上涨行情。当出现上涨初期缩量涨停的行情时，投资者可以采取以下应对策略。

（1）如果是在横盘整理之后出现的缩量涨停，投资者当天就可以买进。

（2）如果股价在出现向上跳空高开并缩量涨停的走势后出现回落，股价回落到这个跳空缺口附近时能够受到支撑，投资者就可以大胆地买进。

（3）假如在股价脱离底部区域后突然出现缩量涨停的走势，那么次日股价一般都会有一个回探的过程。假如股价回探到 5 日均线附近受到支撑时，投资者就可以进场买进。

4. 应对上涨初期放量冲高回落的策略

当股价出现上涨初期放量冲高回落的走势时，意味着上档压力比较大，如果抛盘不断涌出，那么做多力量将无法继续上攻。如果当天收出一根带上影线的阳线，表示多方仍然占据上风；相反，如果当天收出一根带上影线的阴线，则表示空方占据了上风。无论收出的是阳线还是阴线，只要次日股价未能突破放量冲高回落时的最高点，则表示股价此后出现整理或者是回落的可能性比较大。但是，只要股市不出现大的波动，即使股价出现回落，回落的幅度也不会很大。需要强调的是，在股价回落的过程中，如果成交量再次出现放大，那么将会引发一波调整行情。

当遇到上涨初期放量冲高回落的行情时，投资者可以采取以下应对策略。

（1）当股价在上升初期出现放量冲高回落的走势后，大部分个股都会有一个回落或者是震荡整理的过程，所以，在放量冲高回落的当日，投资者一定不要急于进场操作。

（2）假如在放量冲高回落的次日股价能够继续走强，并且轻松突破前一日冲高时的最高点，那么投资者此时可以立即进场操作。

（3）当股价出现放量冲高回落的走势之后，如果出现横盘整理的现象，一旦股价再次放量向上冲击，投资者就可以果断买进。股价重新启动的显著特征是：当股价上涨时，上档的委买处会经常出现大买单，然而在委卖处却很少有大卖单出现。

（4）当股价出现放量冲高回落的走势之后，如果股价暂时出现回落整理的态势，而且在下跌过程中成交量不断出现萎缩的现象，一旦股价出现止跌回升的走势，投资者就可以进场参与操作了。

四、拉升阶段的量价关系分析

（一）破解拉升阶段的量价关系之谜

股价的上涨需要成交量的有效配合。按照正常的量价关系，在股价不断上涨的过程中，成交量也应该不断放大。然而，在股价实际的运行过程中，却往往出现有悖常理的走势：有时在股价上涨的时候，成交量非但没有放大，反而出现了缩量的现象，然而，后市股价却不断上涨甚至表现为加速上涨。

同样，在股价上涨的过程中，有时会出现巨量成交，但股价不但没有见涨反而出现严重下跌的态势。投资者面对这些"违背正常量价关系"走势往往束手无策、心烦意乱，有的时候甚至会做出错误的判断，因而损失惨重。

下面就拉升阶段出现的各种量价关系进行全面的解读，希望在实际操作中能够给大家一些帮助。

1. 破解放量加速拉升形成之谜

放量加速拉升是指在股价上涨的过程中，某一天成交量突然放大，股价也随之快速拉高，股价上涨的速度比前面几天有明显加快的现象，如图 3-18 所示。当股价经过一段时间的上涨之后，会出现一个停顿的过程，或者是出现一个小幅度震荡上涨的过程，有时甚至会出现横盘整理的走势。但无论是停顿、震荡还是横盘整理，这个时间一般都不会很长，随后股价便会突然快速上涨，成交量也出现放大的态势，5 日均线迅速向上运行。

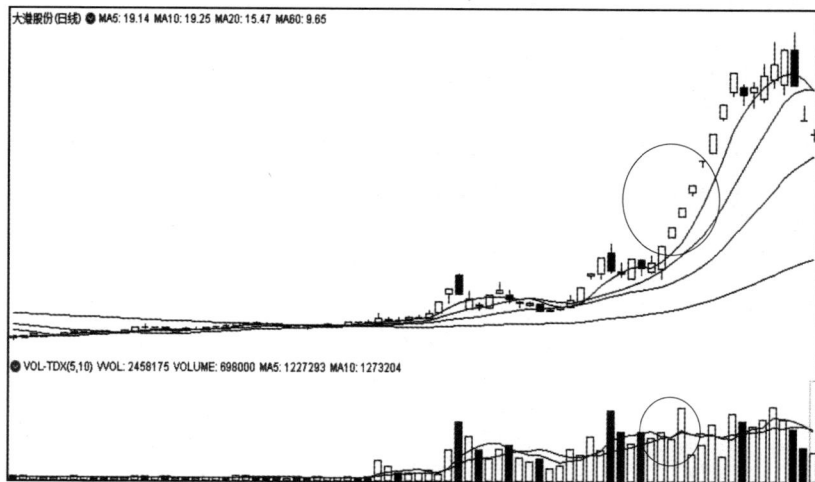

图3-18　放量加速拉升

股价经过了一段时间的上涨，盘中将会累积一定数量的短线获利盘。主力为了更好地锁定筹码，就会让股价呈现出停滞不前的状态，以便借此机会对这些短线获利盘进行有效的清理。如果股价在上涨一段时间后突然出现滞涨，则大部分短线投资者都会认为股价已经失去了上涨的动力而尽快抛出手中持股。然而，此时主力却又突然发力向上攻击，给场外投资者来了个措手不及，股价呈现出了放量加速拉升的走势。盘中出现成交量放大的主要原因是主力对倒所为，当然，场外资金的不断流入也是量价齐升的一个重要因素。

在股价加速拉升时，分时走势图上经常会看到有大买单主动吃进，甚至会出现突然向上跳高几个价位直接吃进的现象，股价也随之会呈现出直线式的上涨态势。与此同时，上档的卖盘一直都显得相当稀少，很少有主动性的大卖单出现。当股价上涨到一个阶段之后，主力就会在买一或者是买二处挂上大手笔的买单，封住股价的下跌空间。此时，场外资金如果想尽快买进的话，只有主动吃进委卖处挂出的卖单，这样一来，股价就顺理成章地被这些场外资金的买单给推上去，主力也节省了许多拉盘的成本。

出现加速放量拉升之前，股价必须经过一段明显的上涨行情。这种情况一般会出现在上涨行情的中途。在放量加速拉升之前，股价必须有一个停顿整理的过程，哪怕停顿整理只有短暂的几天。在停顿整理的过程中，成交量是萎缩的，并且股价不能跌破10日均线。

2. 破解缩量加速上涨形成之谜

缩量加速上涨是股价进入主升浪的一种表现形态，与上面说到的放量加速拉升一样，也是在股价上涨中途出现的一种走势。不同的是在股价加速上涨时，成交量不但不放大，反而出现明显的缩量，有时甚至会出现连续缩量涨停的行情。如图3-19所示。

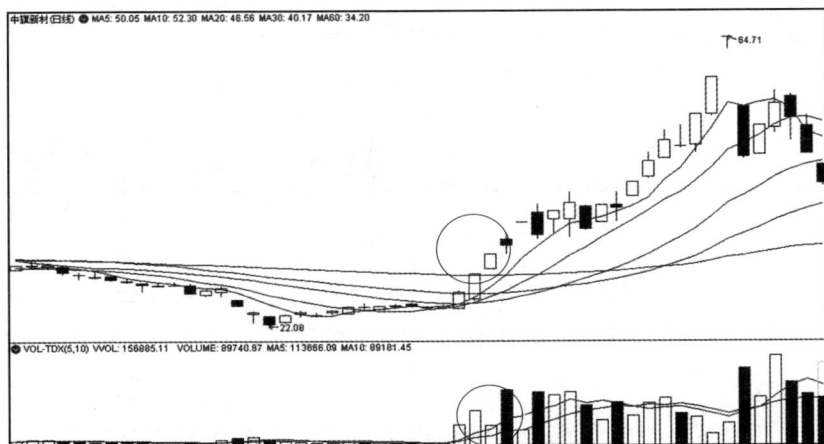

图3-19　缩量加速拉升

当股价离开底部区域后，就会渐渐进入拉升阶段，紧接着股价在买盘的推动下连续向上稳步攀升。在此过程中，成交量与股价始终配合良好，5日均线和10日均线一直是股价向上攀升的依托。股价经过一段时间的稳健上涨后，突然出现向上大幅度的拉升，有时甚至出现开盘就涨停的走势，而且截至收盘时，涨停板始终没有被打开。在涨停板位置时的成交量却出现了明显的萎缩，并且股价是在没有任何前兆的情况下突然向上发动攻击的。

某些个股的表现是：在股价出现一段上涨行情之后，首先发生回落，紧接着又进入了一个横盘阶段，在股价横盘的过程中，成交量呈现出缩小的状态。经过横盘整理之后，股价开始逐步放量上涨。股价上涨几天之后，突然加速上涨，此时成交量却出现了明显的萎缩。有些个股甚至开盘就连拉涨停，并且涨停板始终没有被打开过，出现这种走势，也属于缩量加速拉升的范畴，但通常不多见。

缩量加速拉升走势一般出现在明显的上升通道中，或者是在上升通道中正常回落之后。在缩量加速拉升时，5日均线应陡峭地向上运行，并且向上倾斜的角度大于45°。出现缩量加速拉升时，成交量迅速萎缩到前期成交量的1/3左右。如果达不到上述条件，就不能称为"缩量加速上涨"。

3. 破解放量高开收长阴线的形成之谜

放量高开收长阴线，是指股价在上涨的过程中，某日股价突然出现大幅高开的现象，但开盘后不久，股价就表现为一路走低的趋势。在这个过程中，成交量也迅速放大，直到收盘为止，股价收出一根放量的大阴线，当天的收盘价即为当天的最低价或者是接近当天的最低价，如图3-20所示。

当股价进入上升阶段之后，随着做多行情的不断升温，股价会逐步向上拓展空间，进入明显的上升趋势。在股价上升的过程中，有些个股会出现震荡向上的走势，有些个股则会出现缓慢攀升的走势。但无论以何种方式攀升，股价的运行趋势始终是向上移动的。经过一段时间的上涨后，股价在某一天突然加速向上运行。持续一两天甚至更长时间的加速上行之后，股价某天突然大幅高开，但是股价高开之后并没有持续这种强势，开盘后卖盘不断涌出。虽然盘中也有不少买盘出来抵抗，但最终还是没能抵挡住空方的势力，随之股价出现一路震荡回落的态势，甚至是快速地回落。在股价回落的同时，成交量也快速放大，此时，盘中经常会出现大单卖出的现象。出现这种走势的主要原因是前期股价上涨速度过快，引发了一部分短线投资者获利套现的行为。与此同时，股价快速上涨运行至前期成交密集区域时，原先的套牢盘就会趁此机会解套出局。所以，一旦股价出现大幅高开却不能继续上涨的现象时，就会诱发这部分投资者争相抛售的行为，最终出现放量高开收长阴的走势。

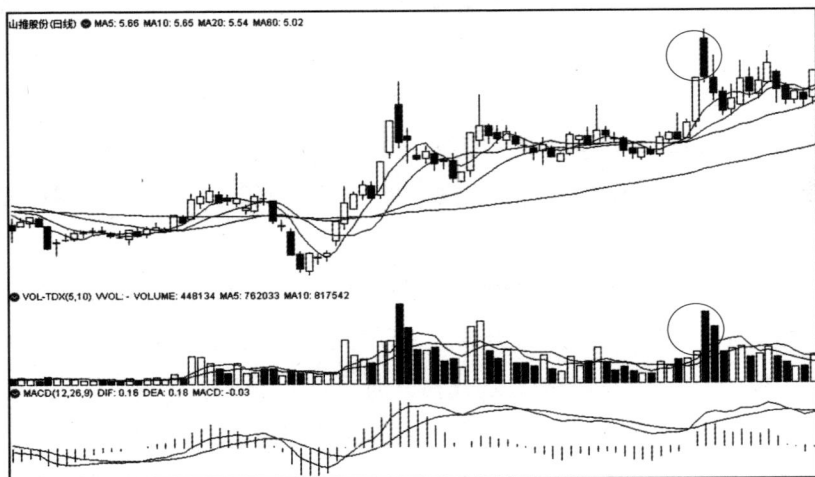

图3-20　放量高开收长阴线

出现放量高开收长阴的走势时，股价一般处于明显的上升趋势，并且在此之前股价有一个加速上涨的过程。在出现放量高开收长阴的当天，5日均线必须呈现出多头排列的形态，并且向上倾斜的角度要大于30°。出现放量高开收长阴之后，如果股价立即回落整理，那么在整理过程中，成交量应少于收出大阴线当天的成交量。在股价回落的过程中，如果跌破30日均线，则上涨趋势就会被破坏，后市很有可能会引发一轮下跌行情。

4.破解缩量横盘整理形成之谜

当股价向上运行一段时间后，主力为了达到高度控盘的程度，从而决定清洗盘面上的浮动筹码，于是让股价处于横盘整理阶段。一般横盘整理的时间长短没有固定的标准，不同的主力其操作手法不同，同一主力在不同个股上采用的手法也是不一样的，所以，横盘的时间有长也有短。但不管怎样，只要是主力洗盘导致的横盘走势，那么在这个阶段成交量都会萎缩。需要提醒投资者的是，缩量横盘并不一定就是主力在洗盘，投资者要区分这两个概念。如图 3-21 所示。

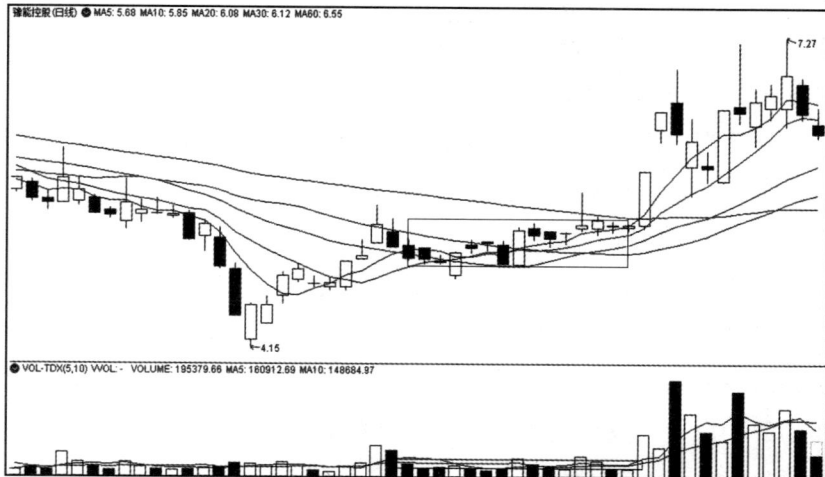

图3-21　缩量横盘整理

当股价从底部区域开始拉升之后，随着股价的不断上涨，盘中积累的获利筹码也会越来越多。当这些获利筹码积累到一定程度后，就会影响主力接下来的拉升。如果这些获利筹码得不到清理，那么在拉升的过程中，就会有散户趁股价上涨时纷纷抛售以获利了结，这样会增加主力的拉升成本。为了清除这些障碍，主力往往会通过洗盘的方式来清洗这些筹码以达到顺利拉升的目的。

主力在洗盘的过程中，会让盘中的散户自由买卖，也就是说在这个过程中，主力不会过多地干涉股价的运行，但会让股价维持在一定的波动幅度内运行。当股价运行到主力预定的波动幅度上限时，主力就会进行打压；同样，当股价运行到主力预定的波动幅度下限时，主力就会出来护盘。这样一来，股价既不易下跌也不易上涨。此时，短线投资者看到股价迟迟不涨，就会失去持股的信心，进而抛出自己手中的筹码，换入一批新的投资者。新的投资者之所以入场操作，是因为他们看好该股后市的走势，所以，对主力的后期拉升并不会有很大的阻碍。正因如此，在主力洗盘的过程中就形成了这种横盘的走势。在洗盘的过程中，由于是散户在自买自卖，所以成交量会出现缩量的现象。

在横盘整理的过程中，短期均线系统（如 5 日、10 日、30 日均线）不能处于空头排列，至少也应呈水平形态排列。在横盘整理的过程中，股价不能跌破 30 日均线。如果股价横盘整理之后突然向下破位，那么在下探过程中成交量必须是萎缩的，否则就会引发一波下跌行情。当股价经过横盘整理向上突破时，只有当股价成功突破整理平台的高点时，才能称为成功的突破，不然的话，股价可能会继续震荡整理的态势。

5. 破解放量十字线形成之谜

放量十字线，一般出现在股价上涨的过程中，十字线可以出现在前一天收出的 K 线实体之内，也可以出现在前一天收出的 K 线实体之上，同样也可以出现在前一天收出的 K 线实体之下。但不论十字线是位于前一天收出的 K 线实体的哪个位置，成交量相对于前一天必须要有明显放大，这样才能称为放量十字线。如图 3-22 所示。

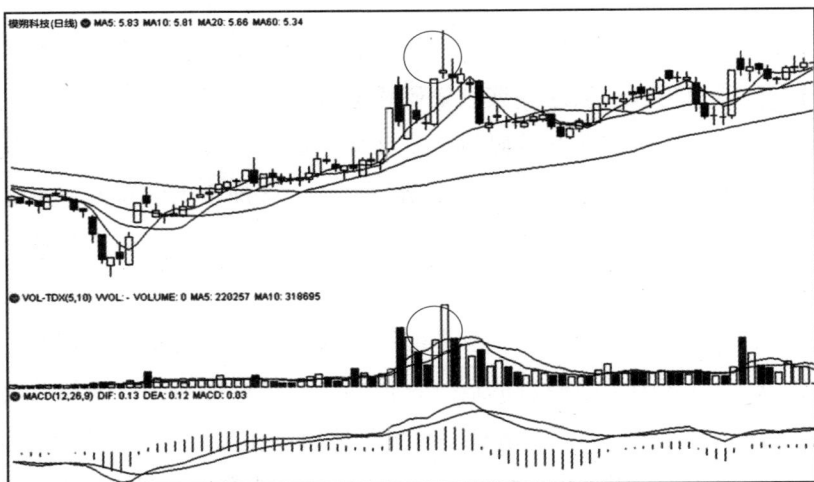

图3-22　放量十字线

在股价上升的过程中，因为股价已经经历了一段时间的上涨，所以，多空双方之间的分歧会逐渐放大。当这种分歧达到一定程度后就会爆发，多空双方就会展开真正的博弈，并且会在盘面上及时地表现出来，在这种情况下，股价就会呈现出大幅波动的走势。当股价上冲到一定的高度之后，会遭到空方力量的顽强阻击，使股价出现冲高回落的走势。同样，当股价下探到一定程度之后，多方也会组织力量奋起反抗，使股价出现下探回升的走势。在一天的运行中，由于多空双方不断地争夺，所以，成交量会呈现出明显放大的现象，而且因为多空双方力量相当，所以收盘时会收出一根十字线。

假如开盘时多方力量明显占据优势，那么股价就会出现向上跳空的走势，并最终收出一根向上跳空的放量十字线；如果开盘时空方力量稍微占据上风，那么截至收盘时，收出的十字线就会位于前一天的 K 线实体之内；假如开盘的时候，空方完全占据了主动，那么收盘时就会收出一根向下跳空的十字线。出现放量十字线时，短期均线系统一般呈多头排列，在收出十字线的当天，5 日均线有时会出现走平的现象。此后，如果股价出现回落，并在回落的过程中跌破 30 日均线的支撑，就会引发一段长时间的调整行情。在出现放量十字线走势形态的当日，如果股价收于 5 日均线之下，则股价出现快速调整的概率就增大。

6. 破解放量上影线形成之谜

放量上影线，是指在股价上涨的过程中，股价某天出现冲高回落的走势，并且成交量迅速放大，直到收盘时收出一根带长上影线的 K 线，上影线的长度至少为实体部分的两倍以上，如图 3-23 所示。

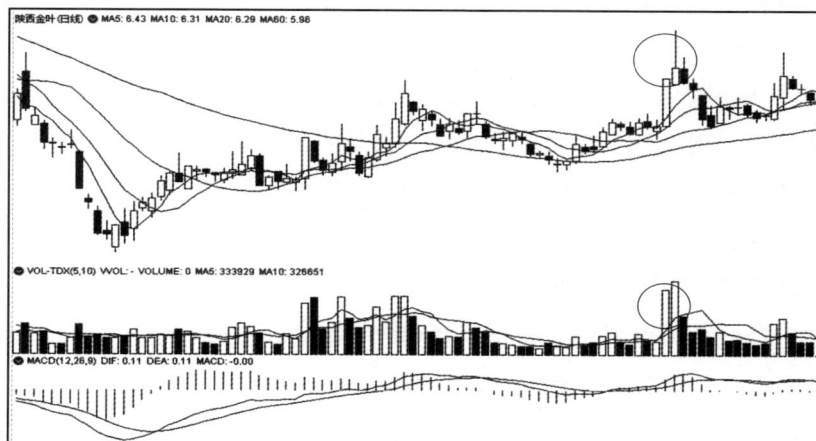

图3-23　放量上影线

股价经过一段时间的上涨之后，盘中的短线获利筹码越来越多，当累积达到一定的量后，就会对股价的上涨带来阻力。股价在多方力量的推动下，突然出现大幅度上冲态势，在分时走势图上表现为直线式的上涨，此时，一些短线获利筹码就会趁股价冲高的机会争相抛售以获利了结，最终出现股价冲高回落的走势。还有另外一种情况是主力在盘中自买自卖，导致股价冲高回落并收出放量带上影线的K线，其目的是测试盘面上浮动筹码的情况。在操盘的过程中，主力会采用对倒的手法将股价快速拉上去，测试一下市场对该股的关注程度；当股价上冲到一定高度之后，主力就开始反手做空，同样采用对倒的手法把股价打压下来。通过这种操盘手法，主力就可以测试出盘中的抛盘大小。

放量上影线最容易出现在年线或者是半年线附近。在这些技术压力位置，股价一般会放量上冲，以便突破这个阻力位。由于前期在这个位置附近积累了相当多的套牢盘，而且投资者对这些位置也存在心理上的压力，导致场外资金此时采取观望的态度，场内的短线投资者也会在股价冲高的过程中趁机获利了结，因此，股价就会出现冲高回落并最终收出一根放量带上影线的K线。

当出现放量上影线之前，股价应处于明显的上升趋势之中，5日、10日、20日均线呈多头排列。出现这种走势之后，如果股价出现回落整理，那么在整理的过程中，成交量逐步萎缩。在回落的过程中，股价不能跌破30日均线的支撑。但有一种情况可以除外，那就是股价快速击穿30日均线并且很快出现了回升，在短时间内重回30日均线之上，否则预示着股价将进入一段长时间的调整。出现这种走势之后的次日，如果股价能够继续走强，并且收盘时成功突破了前一天上影线的最高点，则标志着股价还会继续上涨。

7. 破解放量下影线形成之谜

出现放量下影线的走势与上面说过的放量上影线的走势正好相反，股价在上涨阶段收出一根带长下影线的K线，并且在股价下探回升的过程中成交量迅速放大，表明股价大幅下探时在下档有很积极的承接盘。

在股价上涨的过程中，经常会出现股价突然下探的走势，并且股价下探之后，当天就能被拉起。特别是在股价经过快速拉升之后，时常会突然跳空高开，但随后就快速回落，在这个过程中，成交量也会出现放大的现象。如图 3-24 所示。

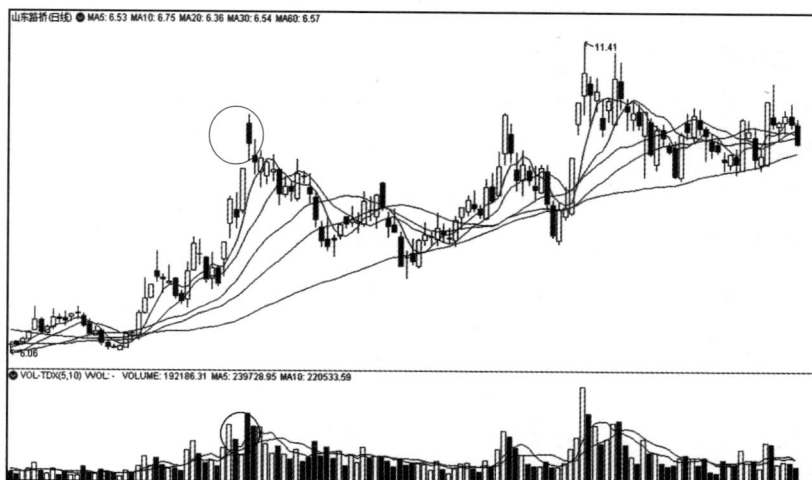

图3-24　放量下影线

有些个股在股价上涨的过程中会出现一段时间的停顿休整，在停顿的过程中，股价一般维持在一个小幅度的范围内上下波动。之后股价突然出现大幅度的下探，并打破原来一直维持的波动范围。但在股价快速下探之后，又被一股做多的力量拉起，最终收出一根带长下影线的 K 线。

股价在上升过程中出现放量下影线的原因主要有以下两个。

（1）主力故意打压洗盘造成的。主力往往为了清洗盘面上的浮动筹码，会刻意将股价迅速打压下去，随后又快速将股价拉升，从而形成了放量下影线的形态，这时成交量的放大主要是主力对倒所为。

（2）在股价上涨的过程中，主力为了测试盘面上散户的持股心态，采取完全不干涉股价走势的策略，散户在盘中展开多空争夺，导致股价下探后又被拉起。在这个过程中，一部分投资者看到股价没有出现如期的上涨，就会纷纷抛售筹码，从而导致股价下跌。当股价下探之后，很多看好股价后期走势的场外投资者就会纷纷进场，从而使股价渐渐回升。在此过程中，成交量也会出现放大。

不管是哪种原因造成的放量下影线的走势，都证明下档承接能力非常强，收出来的K线形态可能是阳线，也可能是阴线。

当股价出现快速下探的走势时，成交明细中会不断地涌现出大量的卖单，然而，这些卖单都是主力故意挂出来吓唬投资者的，其目的是打压股价，恐吓场内持股信心不足的投资者。在股价回升的过程中，盘中会出现大量的买单，这些买单也是主力所为，其目的是迅速拉升股价。如果股价在盘中出现快速下跌，但在回升的过程中却呈现出逐步震荡向上攀升的态势，那么后市股价继续震荡整理的可能性就会比较大。如果出现这种走势时股价正处于上涨中途的横盘整理阶段，一旦股价不能继续走强，而是出现破位下跌，就预示着股价将会出现一段长时间的下跌行情。

8.破解缩量三阴形成之谜

缩量三阴，是指在股价上涨的过程中突然出现连续三根阴线的走势形态，并且成交量相对于前几天有明显的减少，如图3-25所示。

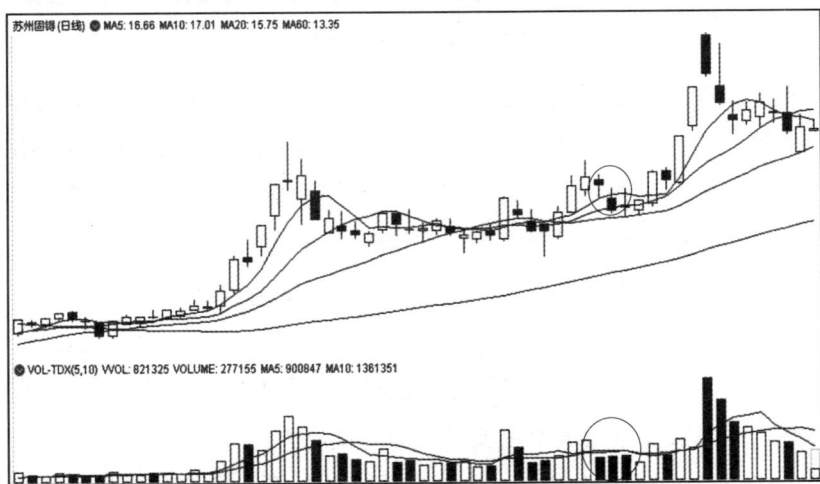

图3-25　缩量三阴

当股价在上升通道中运行时，会依托5日、10日均线的支撑逐步向上攀升。在这个上升过程中，股价时常会出现震荡的走势，但总的趋势是保持向上运行的。当股价运行到一定高度之后，突然连续出现三根阴线，而且有的阴线会直接跌破10日均线的支撑，形成一次下跌的形态。从形态表面来看，这种走势给人一种股价立刻就要进入下跌趋势的感觉。但是到第四天时，股价却突然收出一根大阳线，并且这根大阳线将前面的一根甚至是三根阴线实体全部覆盖掉，并且成交量也明显放大，这种现象的产生，主要是主力洗盘所为。很多短线投资者或者是持股信心薄弱的投资者，一旦看到出现三连阴的走势，就会认为这是股价下跌的征兆，所以，纷纷抛售手中持有的筹码，从而导致操作失误。

主力洗盘时，通常先用一小部分筹码将股价打压下去，然后让散户们在盘中自由买卖，在没有主力护盘的情况下，股价会逐步回落。因为股价已经上涨到了一定程度，所以，在股价出现滞涨的情况下，一部分获利的投资者就会抛售筹码，导致股价出现回落，最终形成三连阴的态势。但在形成三连阴走势的过程中，成交量并没有明显放大，这说明盘中的抛盘行为不太严重，也就是说，盘中投资者的持股信心比较坚定。

主力洗盘时，如果发现盘中的浮动筹码并不多，就会主动出来护盘，否则一旦形态被破坏掉，主力要想再把股价拉起来，就要增加很多的控盘和拉升成本。于是，当主力再次拉高股价时，就出现了这根大阳线的走势。洗盘过程中的成交量放大，主要是由于主力采用对倒的方式拉升而产生的。

出现缩量三阴的走势之前，股价必须是在明显的上升通道中运行的。在出现第一根阴线时，股价一般是向上跳空高开，然后高开低走，最终收出一根阴线。形成第一根阴线时可以稍微放量，但后面出现的两根阴线必须是缩量的。股价在下探的过程中不能跌破 20 日均线的支撑。在出现缩量三阴的走势后，到第四天必须收出一根放量的大阳线，不然的话，股价很可能会出现继续下跌的走势。

9. 破解低开放量收长阴线的形成之谜

低开放量收长阴线，是指股价在上涨的过程中出现滞涨，之后突然有一天股价低开，然后走出震荡下跌或者是快速下跌的走势，当天收出一根大阴线，成交量也出现了放大的现象。如图 3-26 所示。

当股价经过一段时间的上涨，特别是在股价突破重要技术阻力位时（如半年线、年线），这些位置附近的套牢盘就会趁此机会解套出逃，短线获利盘也会在这些重要关口附近获利了结。同时，场外的投资者也会在股价运行到这些位置时采取观望的态度，所以，通常导致股价停滞不前，出现横盘或者是小幅震荡的现象。经过一段时间的滞涨之后，股价突然跳空低开，并且开盘之后一路走低，连续跌破 5 日、10 日均线的支撑，直接下探考验 20 日均线的支撑。

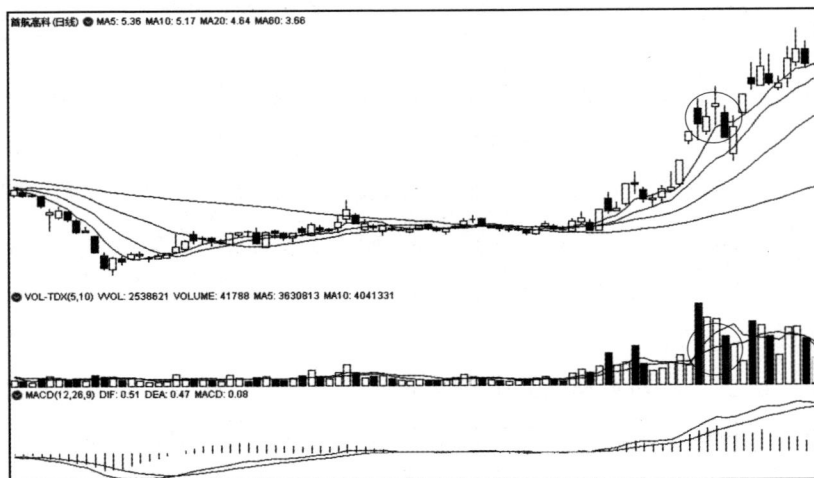

图3-26 低开放量长阴线

为什么会出现这样的走势呢？这是因为股价在上涨之后突然出现了停顿，使得此时市场中的做多热情变弱，再加上场内一些持股信心不坚定的投资者获利了结或解套出局的心情比较迫切，最终导致股价出现大幅下挫。但在出现这种走势后的次日，主力就会发力拉高股价，收出一根上涨的阳线。强悍的主力会让股价收出一根大阳线，将前面的阴线实体全部覆盖。

出现低开放量收长阴之前，股价必须处于明显上升趋势之后的横盘震荡之中。出现这种走势的当天，股价不能跌破 30 日均线的支撑。在收出放量大阴线的次日，最好能收出一根大阳线；否则，股价很可能继续向下调整。

10.破解缩量十字线形成之谜

当股价经过一段上涨的行情之后，或者是当股价处于逐步攀升的过程之中，经常会出现十字线，而且在这个过程中成交量不但没有放大，反而出现了明显萎缩（见图 3-27）。有些个股在上涨的过程中，还会连续出现这种 K 线形态，同时，股价也徘徊不前。

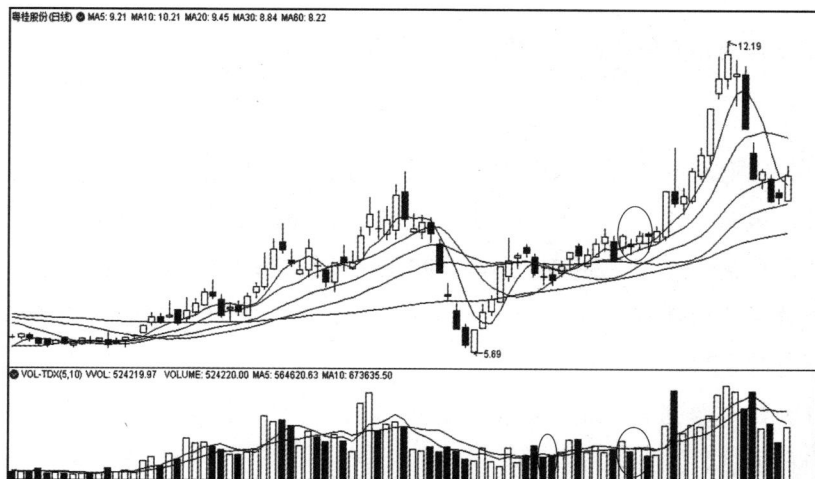

图3-27　缩量十字线

当股价处于上升通道时，个股的股价缓慢向上攀升，在 K 线图上表现为以小阳线逐步上涨的走势。经过一段时间的缓慢攀升，股价突然向上加速拉升，收出一根快速上涨的中阳线，有时甚至会拉出一根大阳线或者是封涨停。

但是，股价经过几天的加速上涨之后突然停滞不前，在 K 线图中收出一根十字线。在收出十字线的当天，盘中交易一直都比较清淡，成交量明显缩小，但股价依旧收于 5 日均线之上。出现这种走势，说明多方突然停止了拉升，并且从快速拉升到停止拉升的这种转化方式也非常迅速。

形成这种走势的主要原因，是主力有计划的控盘行为导致的。主力通过快速拉高股价，然后又立刻停止拉升，让盘中的散户在里面自由换手，可以测试出盘中持股者的持股信心，以便观察散户在股价停止上涨时会不会抛售筹码获利了结。通过这番测试，主力再制订下一步的操盘计划。

出现这种走势之前，股价大多处于明显的强势上涨的态势。股价上涨的动能很充分，在 K 线图上呈现攀升的势头。在出现缩量十字线之前，股价必须有一次快速的拉升过程。出现的这根十字线可能是阴线，也可能是阳线，而且这根十字线既可以位于前一根 K 线的实体之内，也可以位于其上，甚至可以位于其下，但不能跌破 5 日均线的支撑。

（二）应对拉升阶段各种量价关系的策略

1. 应对放量加速拉升的策略

在股价上涨的阶段出现量增价涨的走势，说明量价配合理想。当股价处于上升通道时，出现放量加速拉升的走势，说明做多力量开始再次发力。从量价关系来看，这是一种多空力量之间正常的转化，由于买方力量突然增强，从而导致了股价快速上涨。当市场出现放量加速拉升的行情时，投资者可采取以下应对策略。

（1）如果遇到上涨途中放量加速拉升的个股，投资者可以在出现这种走势的当日买进。

（2）如果遇到这种走势之后股价突然出现回落的现象，只要股价回探到5日均线附近受到支撑，就可以大胆买进，因为此时的回落只是股价上涨途中的一个试探性回调而已。

2. 应对缩量加速上涨的策略

当股价经过一段时间的上涨后，在某一天突然出现缩量加速上攻的态势。按照正常的量价理论来解释，股价上涨，成交量应配合放大才对。很多对量价关系稍有研究的投资者看到这种现象时，都会认为股价是无量空涨。然而，事实却并非如此。这些投资者之所以得出这样一个结论，就是因为他们在研究成交量和价格之间的关系时忽略了一个重要的特性，那就是当筹码被主力高度控制之后，完全可以出现这种"无量上涨"的走势。主力对个股达到了高度控盘之后，可能会让股价慢慢地攀升。当主力发现股价攀升的过程中阻力并不是很大的时候，就会突然发力向上拉高股价。由于盘中的浮动筹码不是很多，所以，快速拉高股价时并不需要很大的成交量。因此，出现缩量加速拉升的走势，说明主力已高度控盘，盘中的短线浮动筹码非常稀少。这种现象一旦出现，即标志着股价将进入加速上涨的阶段。当市场出现缩量加速上涨的行情时，投资者可采取以下应对策略。

（1）遇到缩量加速上涨的个股时，投资者可以在出现这种走势的当日买进。

（2）如果第二天股价开盘后继续走强，投资者也可以果断入场操作。

（3）如果股价在第二天出现回探，只要回探到 5 日均线附近受到支撑并调头向上，投资者便可以立刻买进。

（4）如果股价是以缩量涨停的形式出现加速拉升，那么只要在收盘前半小时内没有出现放量，投资者就可以大胆买进。

3. 应对放量高开收长阴线的策略

出现放量高开收长阴线的主要原因是短线获利盘回吐以及前期套牢盘解套。所以当出现这种走势之后，意味着股价很可能会出现整理，甚至是回落调整的行情，但短期的回落调整通常不会改变股价的上升趋势。出现放量高开收长阴线的次日，如果盘中的抛盘量很大，则预示着股价很快就会重返上升趋势；如果次日股价出现震荡，并且在震荡过程中卖盘也非常活跃，则证明盘中的浮动筹码相当多，主力首先会对这些浮动筹码进行有效清理，在这种情况下，股价就会出现一定幅度的回落调整或横盘整理状态。当市场出现放量高开收长阴线的行情时，投资者可以采取以下应对策略。

（1）当遇到放量高开收长阴走势的个股时，特别是在股价刚突破年线之后出现这种走势时，一定要仔细观察接下来几天股价的动态，不要急于入场操作。

（2）如果股价出现这种走势之后并没有出现快速回落，而是表现出逐步震荡回升的走势，并且成交量也没有出现快速放大，那么当股价回升到这根大阴线实体的一半以上，并且接近收盘时还能够在这根阴线实体一半以上的位置运行时，投资者就可以大胆进场操作。如果后市股价出现回落，但在回落过程中成交量并没有出现明显的放大，一旦股价回落到 10 日均线附近时受到支撑而出现回升，投资者就可以果断入场。

（3）如果在股价回落的过程中出现放量，或者回落到 30 日均线之后并没有获得支撑而继续下跌，此时投资者就不要入场操作，因为股价有可能会继续调整。

4. 应对缩量横盘整理的策略

如果缩量横盘整理是主力洗盘导致的，那么在横盘整理之后，必将出现一波上涨的行情，但这并不一定意味着股价经过横盘整理之后立刻就会出现上涨。有些操盘的主力，在横盘整理之后会突然让股价向下破位，然后拉升股价。主力通过这一方法，可将很多短线投资者震出局。然而，并不是所有在上涨过程中出现缩量横盘整理的个股，在整理完成之后都会出现上涨行情，其前提必须是这个横盘整理走势是主力洗盘所为。所以，投资者在遇到这种走势的个股时，首先要研判导致股价横盘整理的真正原因。当市场出现缩量横盘整理的行情时，投资者可采取以下应对策略。

（1）当遇到缩量横盘整理的个股时，投资者不宜过早进场操作，因为有些个股横盘整理的时间往往很长，也不是所有的个股横盘整理之后都会出现一波上涨行情。

（2）如果股价经过缩量横盘整理之后放量向上突破，一旦股价成功突破横盘整理时的最高点，投资者就可以放心买进。

（3）如果股价经过缩量横盘整理之后出现向下破位，而且下跌时成交量也随之放大，那么投资者此时就不要急于操作该股，因为股价很可能会出现一波调整行情。

（4）如果股价缩量横盘整理之后出现向下破位，但在下跌过程中成交量出现萎缩的现象，则投资者可以在股价企稳回升之后可以适度地买进一些，也可等到股价向上突破横盘整理时的最高点后再买进。

5. 应对放量十字线的策略

在上升过程中出现放量十字线的走势，是由于多空双方出现分歧，并且在盘中出现激烈争夺导致的，因此，股价后市的走势会与多空双方在后期的表现紧密联系。

多空双方经过首日的争夺之后，次日必然会继续这种争夺的局势，所以股价在次日的走势将为判断其在后期一段时间内的走势提供有力的依据。如果股价次日走强并且收出一根阳线，则说明多空双方经过争夺之后多方占据了上风，后市股价继续上涨的可能性非常大；如果多空双方经过首日的争夺之后，次日股价出现走弱的迹象，而且截至收盘时收出一根下跌的阴线，则说明空方占据了优势，后市股价下跌回落的概率非常大，但一般不会出现大幅度的调整行情。当市场出现放量十字线的行情时，投资者可采取以下应对策略。

（1）出现放量十字线之后，如果股价次日继续表现出走强的趋势，那么当股价成功突破十字线的最高点时，投资者可以买进。

（2）股价在上涨过程中，特别是在股价运行到半年线或者是年线附近出现放量十字线时，投资者一定要密切关注股价次日的行情走势。

（3）一旦股价次日出现低开低走，投资者就不要急于入场，从短线操作的角度来考虑，持有该股的投资者可以先卖出，待股价回落企稳后再买入，场外的投资者则应等到股价回落企稳后再考虑是否买进。如果股价在回落的过程中出现缩量，那么只要股价回探到10日均线附近受到支撑并且出现回升，投资者就可以果断买进。稳健的投资者也可以等到股价回升并突破十字线的最高点时再买进。

6. 应对放量上影线的策略

如果出现放量上影线，是由于主力试盘导致的，则在主力试盘的过程中，一旦盘中出现大量的抛盘行为，主力接下来就会对这些浮动筹码进行清洗，这预示着股价将会出现横盘整理的走势或者回落整理的走势。假如在试盘的过程中抛售筹码不是太多，那么主力接下来就会对股价进行拉升。但这种拉升并不代表股价一定会出现大幅度的上升，也有可能会出现震荡上升的走势，具体的走势要根据主力的操盘风格以及主力的控盘程度而定。总之，出现这种走势之后，标志着股价上涨将受阻。上影线越长，说明上档的阻力就越大，而股价在上冲回落的过程中成交量越大，抛盘就越强。

当股价出现放量上影线的行情时，投资者可以采取以下应对策略。

（1）如果是在股价运行到重要技术阻力位附近出现放量上影线的走势，则投资者不要急于进场买进，应观望1～2天后再做决定。

（2）当股价在重要技术位置出现这种走势时，如果次日股价能再次走强，并且成功突破前一天上影线的最高点，那么此时投资者就可以买进。

（3）在重要技术位置出现这种走势之后，如果次日股价出现回落现象，那么投资者就不要进场操作，应等到股价回落企稳之后再买进。

（4）如果是在股价缓慢攀升的过程中出现这种走势，并且之后的几天里股价并没有出现大幅度的下跌，而是呈现出小幅度的震荡，那么只要股价再次出现拉升，投资者就可以在第一时间入场。

7. 应对放量下影线的策略

在股价上涨途中的加速阶段，如果出现这种放量带下影线的K线形态，则可以断定是主力洗盘所为。只要股价在次日不出现回落现象，那么后市将会继续向上拉升，不会因此进入整理阶段。出现这种走势之后的次日，如果股价走弱，那么就很有可能会出现回落或者是横盘整理的走势，但即便是出现回落，回落的幅度也不会太大。如果是在股价上涨中途的横盘过程中出现这种走势，那么股价很有可能会继续横盘震荡，甚至会出现回落调整的走势。至于后期股价会如何运行，还要看股价接下来几天的走势。如果接下来的几天里盘中的抛售筹码比较多，那么股价肯定会继续震荡或者是回落整理；如果接下来的几天里盘中的抛盘很少，买盘比较积极，那么股价很快就会进入再次拉升的行情。

当市场出现放量下影线的行情时，投资者可以采取以下应对策略。

（1）如果股价是在上涨过程中出现一段横盘整理之后再次启动时出现放量下影线的走势，特别是在加速拉升过程中出现这种走势，则只要股价在下探之后有大量卖盘出现，投资者即可放心买进。

（2）如果是在整理平台上出现放量下影线的走势，则应等到股价放量向上突破这个整理平台后才能入场参与操作。当然，如果出现缩量涨停向上突破的走势，投资者也可以果断买入，因为此种走势证明主力已经高度控盘了。

8. 应对缩量三阴的策略

缩量三阴主要是主力洗盘所致。既然是主力洗盘，那么股价的上涨趋势就不会改变，主力洗盘后，股价还会继续向上运行。所以，当出现缩量三阴的走势后，股价并没有出现大幅度的下跌，只要股价在第四天能够收出一根大阳线，则标志着新一轮上涨行情的开始。当个股出现缩量三阴的行情时，投资者可以采取以下应对策略。

（1）当个股出现这种走势时，如果投资者持有该股，则不要恐慌，只要股价不跌破30日均线，就不会出现大幅度的调整行情。股价经过一段时间的整理之后，必将再现一波上涨行情。

（2）出现三连阴之后，如果紧跟着拉出一根放量的大阳线将前面的三根阴线实体全部覆盖掉，那么在临近收盘时，投资者就可以大胆介入。

（3）出现三连阴之后，如果股价出现逐步回升的走势，并且成交量温和放大，那么投资者可以待股价突破三连阴中的最高点时入场操作。

9. 应对低开放量收长阴线的策略

在股价上涨的过程中出现低开放量收长阴线的走势，表明多方暂时停止了攻击，而空方则趁此时机进行反击，导致股价一开盘就表现出一路走低的态势，最终出现了放量的大阴线。出现这种走势后，说明空方力量在当日占据了上风，如果后市多方不出来反击，那么股价很有可能会出现横盘整理，甚至是下跌回落的行情。收出这种 K 线形态的第二天，如果股价能够走强并收出一根大阳线，且大阳线将前面的阴线实体全部覆盖，则股价将很快迎来新一轮的上涨行情；如果第二天股价走弱，则标志着股价会进行一段时期的回落调整；如果收出大阴线之后，股价出现逐步震荡收小阳线的走势，并且成交量也表现出温和放量的状态，则后市股价将会逐步向上攀升。

当市场出现低开放量收长阴的行情时，投资者可以采取以下应对策略。

（1）出现这种走势之后，如果次日股价能够收出一根放量的大阳线，并且大阳线能将前面阴线的实体全部覆盖掉，则投资者可以在收出大阳线的当天在收盘前果断买入。

（2）当出现这种走势后的次日，假如股价收出的阳线没有将前面的那根阴线实体全部覆盖掉，那么投资者应该等到股价再次站上整理平台，并且放量向上拉升时再买进。

（3）如果出现低开放量收长阴的次日股价走低变弱，那么后市行情就有可能出现一段时间的调整行情，此时，投资者不要急于入场操作，应等到股价企稳后再买进。

10. 应对缩量十字线的策略

当股价处于上涨过程并且经过加速拉升之后，出现缩量十字线的走势，标志着主力正在试盘，以测试盘中持股者的持股决心是否坚定，股价的后期走势要根据试盘时的盘中情况来判断。

如果股价停滞不前时盘中很少出现抛盘，说明持股的投资者大部分都看好股价的后期走势，因而不愿意抛售自己手中的股票。在这种情况下，主力接下来肯定会继续拉升股价；如果在此过程中出现很多主动性的抛盘，说明持股者的持股信心并不是很稳定，短线获利了结的筹码比较多。在这种情况下，主力就会继续让股价处于震荡和徘徊不前的状态，甚至是出现回落的走势，以此来清洗盘中的不稳定筹码，以达到锁定筹码的目的。

当市场出现缩量十字线的行情时，投资者可以采取以下应对策略。

（1）当个股出现缩量十字线时，持股者不用过度紧张害怕，出现这种走势一般都是股价暂时停滞不前的一个信号，正常情况下，股价还将会继续向上运行，但其前提是股价不能跌破20日均线的支撑。

（2）出现缩量十字线之后，如果股价进行横盘整理，那么在此阶段，投资者不要轻易入场参与操作，而应等到股价成功突破此整理平台后再买进。

（3）如果在出现这种走势之后的次日股价能够继续走强并收出一根大阳线，则投资者可以入场。哪怕后市股价会出现震荡整理，其下跌幅度和整理时间也会非常有限。

五、出货阶段的量价关系分析

（一）破解出货阶段的量价关系之谜

如果投资者能够从盘中的各种现象中捕捉到主力出货的征兆，那么就可以避免许多风险，并且能够及时获利了结。

不管主力采用何种手法来出货，只要主力想出货就必然要抛售筹码，这是必然的，所以，在出货阶段，成交量与股价之间的转化关系以及变化特征就显得非常重要。掌握好这些知识，可为投资者分析研究主力出货时的行踪提供重要的依据。下面讲解主力出货阶段成交量与股价之间存在的变化趋势以及常见的量价关系。

1. 破解巨量长阴形成之谜

所谓巨量长阴，是指股价经过大幅度的上涨之后，运行到市场高位区域时，突然放出巨大的成交量，然而股价却并没有跟随成交量上升，直到收盘时收出一根大阴线（见图3-28）。这种走势与大家通常理解的量价关系存在很大的反差。

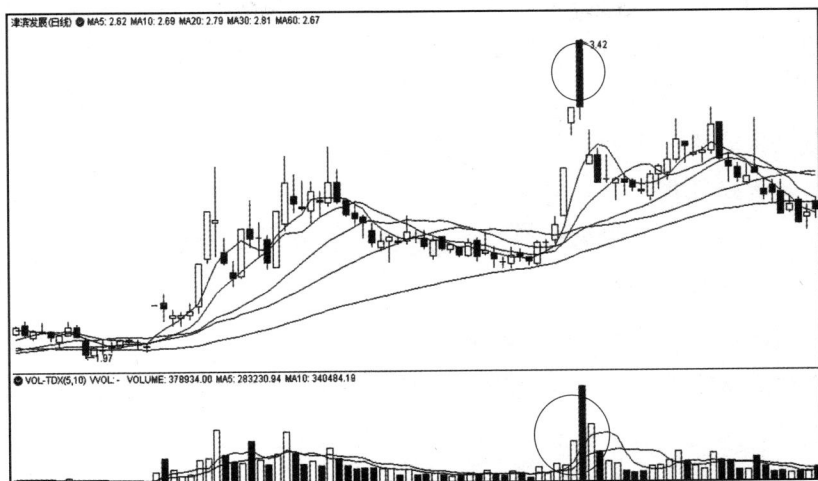

图3-28　巨量长阴线

　　股价经过大幅上涨之后，无论是散户还是主力，都会有很好的获利。在获得了大量收益之后，就会有一部分投资者考虑套现，如果不套现的话，再多的利润也只是账面上的数字而已。当主力快要达到获利目的时，通常会考虑套现出局。主力在撤离之前一定会制造一些假象，迷惑一部分场外投资者进场接盘，不然的话，主力很难在有限的时间内顺利地将筹码抛掉获利。

　　主力出货时最常用的一个手法就是在股价运行到市场高位时，让股价维持一段时间的震荡走势，然后再采用对倒的手法让股价突然大幅高开，有时甚至让股价直接向上跳空高开。当股价高开后，盘面上就会出现大手笔的主动性买单。遇到这种情形，会有相当一部分投资者认不清具体走势，错误地认为新一轮上涨行情马上就要开始了，从而不顾一切地买入，主力则借此机会迅速地抛售筹码。在场外资金的不断参与下，成交量自然而然地就会放出巨量，但是股价高开后并没有出现如期的上涨，反而出现震荡回落的走势，最终收出一根放量的大阴线。

　　有些主力的手法更加诡异，他们通常会在出货前大幅度地拉高股价，甚至会连拉几个涨停板，以此来引诱投资者跟风买进。在快速拉高股价的过程中，主力使股价大幅高开，甚至以涨停板的形式开盘，但此后股价一路走低。

在股价下跌的过程中，成交量迅速地放大，直到收盘时，收出一根放巨量的大阴线。通过这个过程，主力会不断地向外抛售筹码，很多中小投资者却被这个快速拉高的走势所诱惑而纷纷进场买入，所以成交量迅速表现出放大的态势。

在出货阶段，主力就是抓住了投资者的致命弱点——贪婪的心态，诱骗他们纷纷入场接盘。通常情况下，高位放量回落是一个提示风险的信号，但是在贪念的驱使下，很多投资者容易把风险忘得一干二净，从而掉进了主力设置的陷阱之中。

2.破解高位放量滞涨形成之谜

高位放量滞涨指的是在股价运行到市场高位区间时，成交量出现明显的放大趋势，然而，股价却没有跟随成交量的放大而出现上涨，反而出现高位震荡甚至是不涨反跌的走势，如图3-29所示。

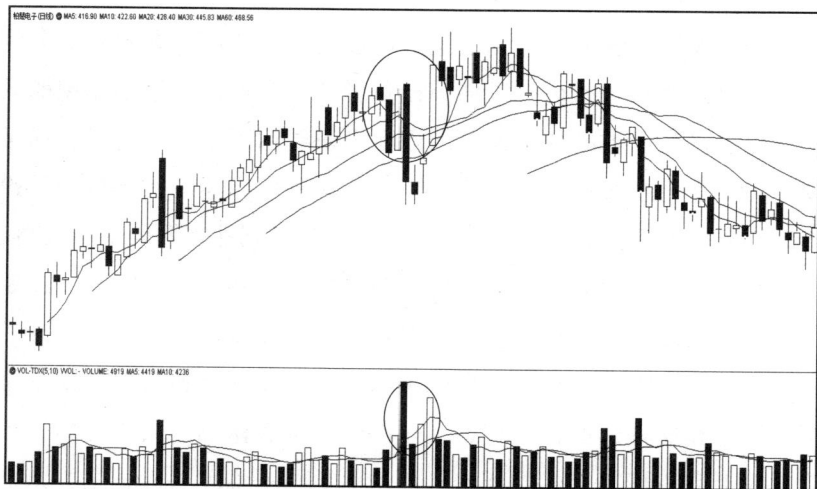

图3-29 高位放量滞涨

当股价从底部区域不断向上攀升之后，随着股价的渐渐上升，盘中的做多热情也在不断升温，在此过程中，成交量也会随着股价的上升而不断增大。在股价上涨的过程中，成交量的放大主要来自场外资金的不停涌入，通俗地讲，在上涨过程中其实是买方主导着这个市场的方向，进而形成了供不应求的市场格局，所以股价才能够保持不断地上涨动力。随着股价的持续上涨，在底部区域或者是股价上涨初期入场的投资者，已经获得了相当丰厚的利润，此时，这些投资者就会渐渐地转化为卖方。同理，当股价被大幅度炒高之后，主力也必须趁股价上涨的机会出货，这样才能功成身退，最终把筹码转换成资金。

在买方市场渐渐转化成卖方市场的过程中，主力一定会出来控制股价的运行，同时做好掩护出货的工作，否则投资者看出买方市场已转化为卖方市场则会纷纷抛售，主力就无法顺利出局了。因此在出货的过程中，主力必须维持股价不出现大幅度的下跌，让散户投资者感觉股价还有继续上涨的空间，否则一旦盘中出现恐慌，获利筹码就会蜂拥而出，导致主力无法达到目的。

为了在高位顺利出货，主力通常会在成交量上大做文章，一方面使股价不出现大的波动；另一方面又要不断地抛售筹码。散户看到股价没有下跌，成交量也出现了放量，就会觉得股价还会继续上涨，因为按照一般的规律，"有量"就会"有价"，因此就会纷纷入场买进，接手主力抛售出来的筹码，从而导致成交量放大股价却没有上涨的现象。

从量价关系分析来看，主力正是利用了投资者对股价与成交量之间关系的片面认识，从而达到掩护自己出货的最终目的。从这里我们可以得出结论，当股价运行到市场高位区域时，成交量放大之后，股价并不一定会保持上升态势。

高位放量滞涨的走势必须出现在股价经过大幅度上涨的高位区域，不然的话，就不能确定这种高位放量滞涨情况一定是主力出货而造成的。如果出现放量滞涨现象时，股价处于震荡走势，那么主力会让股价维持在 20 日均线附近上下震荡，在震荡的过程中，股价一般不会跌破 30 日均线。

3. 破解放量回落形成之谜

放量回落是指在长期上涨之后的高位区域，成交量经常会在某一天突然呈现出放大的迹象。在成交量放大的过程中，股价刚开始也随着成交量的放大而迅速向上冲高，但上冲不久就出现了回落走势，最后收出一根带有长上影线的 K 线形态，如图 3-30 所示。

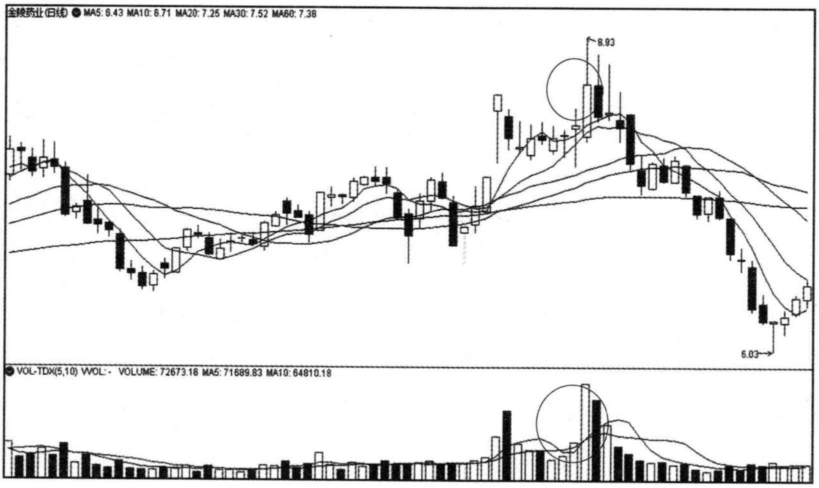

图3-30　放量冲高回落

　　股价从底部区经过大幅度的上涨，渐渐进入高位区域。股价运行到高位区域时，通常会有很多投资者随时准备获利了结，因为随着股价长期且大幅上涨，一些投资者预感到风险正在逐步加大，只要盘中稍有风吹草动，这些投资者就会一拥而出。同样，当主力把股价炒高之后，也会逐步把筹码转手给散户，将自己账面的浮盈兑换成实际盈利。

　　此时，也会有一部分追高的投资者会在这个过程中不顾一切地跟进买入；同时，主力也会故意拉高股价来掩护自己出货。在这两种力量的作用下，股价就会快速冲高。但是在冲高之后，很多谨慎的投资者会趁股价快速上涨的机会出逃，大部分短线投资者也会在这个位置纷纷抛售筹码。主力把股价拉上去之后，也会逐步抛售掉一部分筹码，几股力量共同作用，从而导致股价出现放量回落的走势，收盘时便会收出一根带有长上影线的K线，这根K线可能是阳线，也可能是阴线。

　　在出现放量回落的走势之前，股价已经经历了大幅度的上涨，上涨的幅度至少应在80%以上，不然的话，就不能确定是主力出货造成的。出现这种走势之后，假如股价跌破30日均线的支撑，就意味着新的一轮下跌行情即将开始；如果股价随之出现震荡横盘的走势，那么在震荡的过程中，股价向上震荡的幅度一般不会超过放量回落时留下的高点。如果主力在震荡之后制造一个向上的假突破，那么在向上突破时肯定会放出巨量，并且向上突破的最大幅度一般不会超过放量回落 K 线形态最高点的 5%。

4.破解放量十字线形成之谜

放量十字线是指股价经过长期上涨进入高位区域时，特别是在大幅度上涨之后的加速上涨过程中，突然出现向上跳空高开，直到收盘时收出一根带量十字线的 K 线形态，如图 3-31 所示。

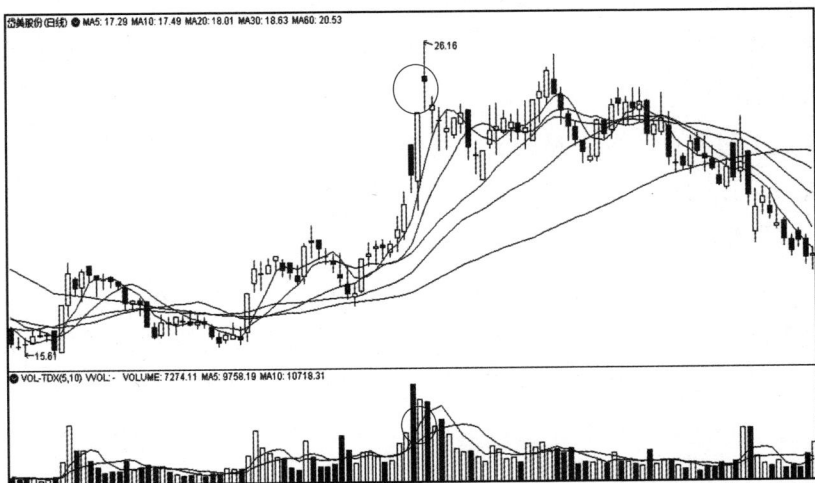

图3-31　放量跳空十字线

股价脱离底部区域进入拉升阶段之后，随着股价的不断上涨，场外投资者的积极性也会不断地被激发出来。在场外资金不断流入的过程中，成交量也会随着股价的上涨而放大。但是当股价被逐步推高之后，特别是在涨幅翻番甚至是翻了几番之后，场内场外的做多热情就会有所变化。投资者看到股价已经上涨很多，担心市场风险正在逐步增加，所以，这部分投资者的积极性就会减弱。同时，主力把股价拉上去之后，也会考虑逐步套现以锁定利润。

在这些因素的作用下，在股价被大幅度拉高之后，主力就会开始逐步出货。在出货的过程中，主力不能让股价出现明显的下跌或者是停顿不前，因此就会采用拉高的手法让股价维持上涨的趋势，并借机不断抛售筹码。在这个过程中，成交量不会出现放巨量，因为主力在此阶段大都是逐渐地抛售筹码，不会在某个时间段内集中抛售，所以，成交量的放大不会太明显。

当主力出货即将完成之后，通常会让股价快速冲高，引诱那些贪婪的投资者入场接盘。有时主力甚至让股价高开，然后迅速拉升股价。在拉升的过程中，会有很多投资者去追高，主力则趁机把筹码抛售给这些投资者。所以，当股价冲高之后，就会出现逐步回落的走势。当股价跌破开盘价之后，主力的抛售就不再那么凶猛，因为主力要让投资者对后市抱有幻想，这样才能继续把筹码抛售出去。有不明真相的投资者看到股价不断回落下探之后，就觉得是逢低进场买入的大好时机，因此纷纷买入，帮助主力把股价拉起，直到收盘时收出一根十字线。

在这个过程中，成交量的放大主要来自两个方面：一方面是主力故意拉高股价时采用对倒手法产生的成交量；另一方面是股价被拉高之后主力抛售产生的成交量。

在出现放量十字线之前，股价通常已经过了一段很长的上涨过程，上涨幅度也都非常大甚至是翻了几番。而上涨的幅度越大，则主力越有可能想趁机出货，特别是在股价处于高位区域的快速上升通道中运行时，突然出现放量十字线，一般就可以确定这种走势是主力出货造成的。在股价冲高的过程中，经常会有大手笔的买单主动吃进，股价在分时走势图上呈现出直线式的拉高。但是当股价上冲到一定高度之后，盘中就会出现持续的主动性卖单，这些卖单一般都不会很大。当股价出现回落时，如果跌破了当天的开盘价，盘中就很少出现大手笔的卖单，反而会在委买处挂出大量的买单，但是这些买单都不会成交，一旦股价跌到这个价位附近时，这些大买单就会悄无声息地溜走。

5. 破解放量上吊线形成之谜

放量上吊线是指股价运行到市场高位区域时，出现一根带有长下影线的K线，而且成交量呈现明显放大的趋势。这根上吊线可能是阴线，也可能是阳线，其代表的市场意义是不同的。如图3-32所示。

当股价经过上涨被大幅拉高之后，盘中的获利筹码也在不断地增加，但是，此时股价依旧呈现出坚挺的上升势头。在股价上涨到一定高度之后，会出现一个停顿，并维持一段时间的横盘整理。很多投资者看到股价出现震荡整理，就会认为这是主力在洗盘，洗盘之后股价还可能持续上涨。主力则正好利用了散户认识上的片面性，经过一段时间的整理之后，就开始加速拉升，此时5日均线呈现出陡峭的上升态势。在股价加速上涨的某一天里，股价突然大幅高开，但是开盘之后就一路走低，直到收盘为止收出一根带有长下影线的K线形态，成交量也明显放大，从而形成了放量上吊线的走势。

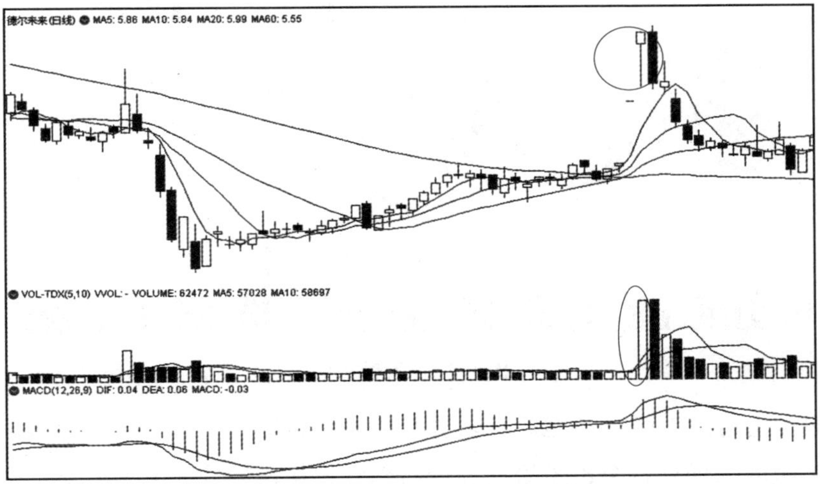

图3-32　放量上吊线

　　形成放量上吊线的主要原因是主力在出货的过程中故意采用高开的手法来引诱投资者接盘。这种走势一般出现在股价加速上涨的过程中，这样更容易让没有实战经验的投资者失去理智。在出现放量上影线这种走势之前，股价通常已经经历了一波大幅度的上涨行情，并且正处于加速上涨的过程中。形成上吊线时，股价必须是向上跳空高开的。当天的成交量越大，后市出现大跌的可能性就越大。股价高开之后，盘中会不断地出现抛盘，但是，当股价出现快速回落之后，又会出现大手笔的买单把股价迅速拉上去的现象。而这些大手笔的买单只不过是主力通过对倒手法故意做出的而已。

　　6.破解天量天价形成之谜

　　所谓天量天价是指股价从底部区域上涨之后，已经出现了翻番甚至翻几番的巨大涨幅，这个时候股价继续向上创出新高，同时成交量也创出本轮上涨行情的新高。这里所说的天量，可能是在一天的交易里释放出来的，也可能是在股价创新高的过程中通过连续几天的时间堆积出来的，如图 3-33 所示。

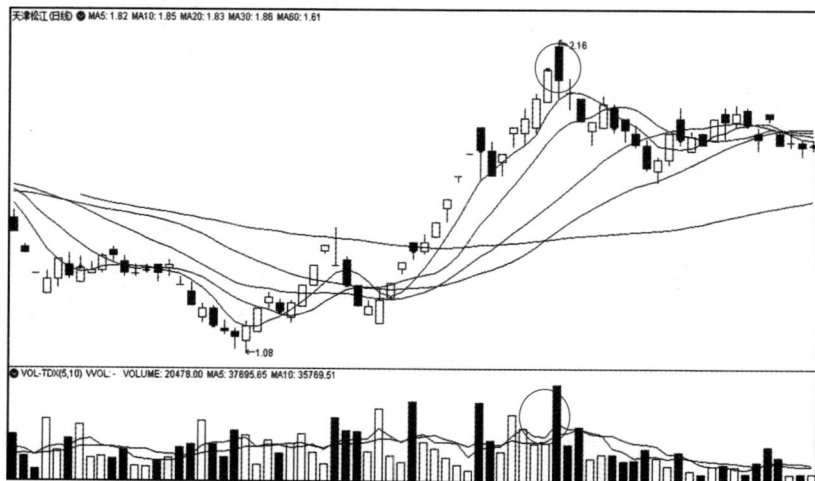

图3-33 天量天价

股价运行到上涨通道之后，随着行情的不断攀升，市场中的做多热情也会越来越浓，场外资金也纷纷入场参与操作。在这种情况下，成交量也会随着股价的上涨呈现出放大的状态。当股价的上涨幅度达到几倍以上以后，盘中就会出现很多获利筹码，随着股价的不断上升，投资者的持股信心也会发生动摇。同样，主力在股价大幅度上涨之后也获利丰厚，于是就会考虑出货获利了。

因为股价一直处于上涨行情之中，许多投资者都被这种持续的上涨行情刺激得失去了理智，眼中只看到股价在不断地上涨，自己的账面资金在不断地增加，很少有人会把风险放在第一位。主力正好抓住了这部分投资者贪婪的心理，在股价进入高位区域后加速拉升股价，以此来吸引投资者跟风接盘。在这个过程中，主力会不断地采用对倒的手法拉升股价，使股价不断创出本轮上涨行情的新高，同时主力也会不断地向外抛售筹码，所以，成交量就会出现放巨量的现象。散户们看到股价继续上涨并且不断创出新高，就会纷纷去追高，使主力能够在此过程中顺利地把筹码抛售出去，进而形成这种天量天价的走势形态。

出现天量天价时，股价的上涨幅度应该已经翻了几番，而且已经创出了本轮上涨行情的新高。如果股价是以大幅向上跳空高开来创出的新高，并且开盘后就一路走低，直到收盘为止收出一根放巨量的阴线，则可以断定主力出货已经即将完成。如果股价跌破 20 日均线，就要果断卖出。因为股价跌破 20 日均线标志着新一轮的下跌行情已经开始，所以，此时不应再对后市抱有任何幻想。

7. 破解放量连阴形成之谜

放量连阴是指股价运行到市场高位时，突然收出两根或两根以上高开低走的放量阴线，如图 3-34 所示。

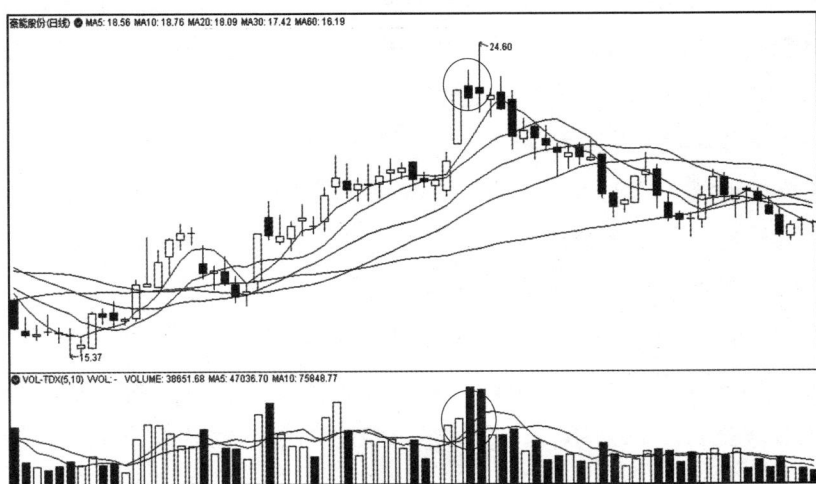

图3-34　高位放量连阴

股价经过连续上涨之后，盘中已积累了大量的获利筹码，随着股价的不断上涨，这些筹码会显得越来越不稳定。主力把股价拉高到一定程度之后，也会慢慢地开始出货。在出货的过程中，主力不仅要把筹码派发出去，而且还要让场内场外的投资者感觉不到主力正在出货，甚至认为股价还会继续上涨而纷纷入场买入，只有这样，主力才能把手中的筹码顺利地抛给广大散户。所以，在出货阶段，主力通常会让股价的重心不断上移。

当股价上涨到一定程度之后，特别是在股价翻番甚至是翻了几番之后的高位区域，经常会出现一段加速上涨的行情。一些聪明的主力还会让股价在加速上涨的过程中呈现出缩量拉升的走势，使投资者错误地认为是主力高度控盘导致的股价缩量上涨。在股价加速拉升的过程中，主力会先出掉一些筹码，当筹码出得差不多的时候，让股价跳空高开，吸引一大批散户去接盘，然后把剩下的一点筹码抛售出去。在最后出货的阶段，主力就不会顾忌太多了，只要有人买进，主力就会抛售，导致股价放量大幅下挫，并最终收出大阴线。在收出放量长阴的第二天，股价便会出现低开收阴的走势。

在出现放量连阴这种走势之前，股价必须经历了大幅度的上涨行情，上涨幅度越大，主力出货的可能性就越大。出现的这两根阴线必须是重心下移的，并且第一根阴线必须是放量长阴；第二根阴线必须是低开收阴，成交量可以出现萎缩，但不能极度萎缩。第一根阴线的实体部分必须要覆盖住前一根 K 线实体的一半以上，覆盖得越多，后市下跌的可能性就越大。

8. 破解二次放量形成之谜

在股价连续大幅上涨的末期，通常会出现二次放出巨量的现象，我们把在高位区域连续出现两个顶部，而且在构筑两个顶部的过程中，成交量也都呈现出放大走势的现象称为二次放量。

第一次出现巨量是因为主力借高开或涨停大肆出货，因而放出巨量；在经过一个或几个交易日的下跌之后，主力再一次拉升股价，出现逼空走势，让短线投资者认为第一个巨量是"空中加油"或者是换主力，结果在涨升几天之后放出第二个巨量，主力将手中剩余的筹码进行派发。另一种情况是在放出第一个巨量之后，股价呈现连续下跌的走势，在某一日突然出现了巨量，并伴有大笔的卖单和买单，进行对倒出货。这都是比较好的卖出机会。

二次放量通常出现在股价连续上涨后的高位区，常见的有两种情况：第一种情况是 K 线通常是大阴线或大阳线，有时会带有下影线，第二次放量时的股价通常比第一次高，如图 3-35 所示；第二种情况是第一次放量的 K 线是锤子线，第二次放量的 K 线是倒锤子线，第二次放量时的股价通常比第一次放量时要低。正常情况是，两次放出的成交量一定是年内新高，换手率接近；在第二次放出成交量之后，有些个股的股价短期会创出新高。

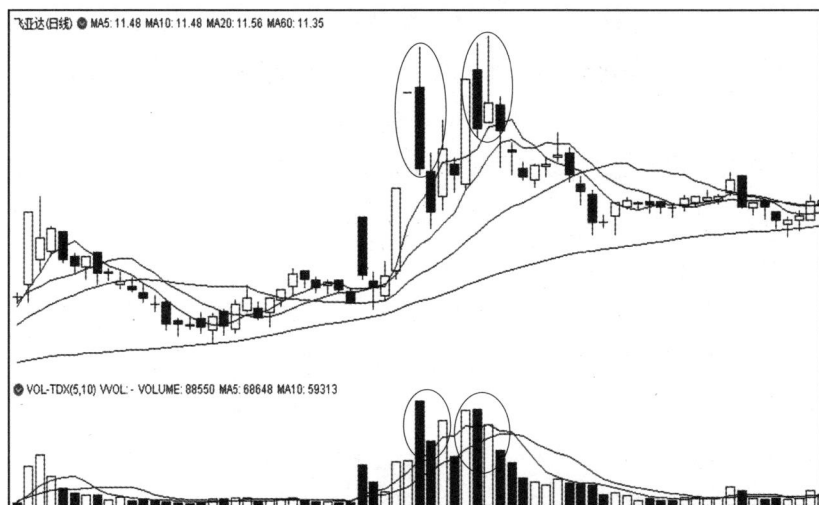

图3-35　二次放量

（二）应对出货阶段各种量价关系的策略

1. 应对巨量长阴行情的策略

成交量的放大反映出市场交易的频繁程度，如果交易是由买方主导的，则买方力量将继续推动股价上涨，这是股市中不变的铁律；相反，如果这种频繁的交易是由卖方主导的，那么沉重的卖压必将抑制股价的上涨，并使股价出现下跌。

在股价处于高位区域时出现巨量长阴，一般是主力抛售筹码所致。因此，无论主力采用什么方式抛售，都是由卖方主导市场，这样一来，抛售行为必将打破市场上的供求关系，最终演变成供过于求。所以，在高位出现这种放量的大阴线，一般都标志着股价即将迎来一波下跌行情。出现巨量长阴之后，虽然不排除股价会有一个上冲的过程，但下跌行情将主导着后期走势。当市场出现巨量长阴的行情时，投资者可以采取以下应对策略。

（1）巨量长阴大多出现在股价经过大幅度上涨之后的高位区域，并且股价跌破了前一日的收盘价。出现大阴线时，股价必须是以高盘开出的。如果收出的大阴线将前一根 K 线的实体全部覆盖掉，则后市出现大跌的概率更大。

（2）在股价下跌时，经常会看到委买处有大买单挂出，但是当股价下跌到这个价位附近时，这些大买单就会突然撤掉。出现巨量长阴走势的次日，如果股价低开的话，则投资者应在股市开盘后果断卖出，不应再对后市抱有幻想，此时，参与的风险要远远大于收益。

（3）当出现巨量长阴线之后，如果股价继续震荡向上运行，投资者也应时刻小心，一旦股价上涨乏力，就应该考虑抛售出局。

2. 应对高位放量滞涨行情的策略

股价运行到市场高位区域出现放量滞涨，说明股价的上涨动能正在逐步衰退，成交量的放大只是主力控盘出货所为，此时买方已经主导不了市场的成交量。

当股价经过大幅上涨之后，主力就会考虑渐渐有序地撤退，从而在高位区域出现了这种量增价却不涨的现象。既然高位放量滞涨是主力出货导致的，那么经过一段时间的放量滞涨之后，随着主力出货接近尾声，股价必将进入下跌行情。一旦股价后市掉头向下，特别是出现低开长阴的走势之后，就标志着下跌行情开始了。当市场出现高位放量滞涨的行情时，投资者可以采取以下应对策略。

（1）当遇到在高位区域放量滞涨的个股时，一定要时刻注意盘面变化，一旦股价出现上涨乏力的迹象，就要果断清仓出局。

（2）当股价出现放量滞涨的现象后，一旦股价跌破10日均线，投资者就应该果断卖出手中持有的股票。

（3）作为投资者，一旦遇到股价跌破30日均线的支撑，就要立刻抛出手中的筹码，不要对后市再抱有幻想，哪怕出现亏损的情况，也要下定决心斩仓离场。

3. 应对放量回落行情的策略

当股价运行到市场高位区域的时候，如果出现放量回落的走势，主要是由于主力拉高出货导致的。所以，在高位区域出现这种走势意味着股价将要结束此轮的上涨行情，开始一波下跌的走势。当股价放量冲高回落之后，并不代表马上就会出现大幅下跌的走势，此时，主力有可能会让股价在高位横盘震荡一段时间，并在横盘震荡阶段继续出货，同时让投资者错误地认为横盘震荡只是股价上涨途中的一个洗盘过程，从而纷纷入场买进主力抛售的筹码。当主力把货快要出完的时候，横盘整理的平台立刻就会被打破。此时，主力会不计成本地向外抛售最后的筹码，成交量迅速放大，股价也会快速跌破这个整理平台，从而拉开下跌的序幕。有些主力甚至会在高位区域横盘一段时间后来个放量的向上假突破，即拉出一根放量上涨的阳线突破整理平台，以引诱投资者入场。但是股价很快又跌了下来，而且一跌不起，最后引发一波大幅度的下跌行情。当市场出现放量回落的行情时，投资者可以采取以下应对策略。

（1）当出现这种走势后，如果次日股价变弱走低，那么次日股市一开盘，投资者就要果断清仓出局。

（2）当出现放量回落的走势之后，如果次日股价转而走强，一旦股价冲高到前一日的高点附近受阻，投资者就要立刻卖出。

（3）一旦股价跌破30日均线，投资者就要无条件地清仓出局，哪怕是亏损也要斩仓出局，不然的话损失会更加严重。

4.应对放量十字线行情的策略

股价运行到市场高位区域时出现放量的十字线，从多空双方较量的角度来看，说明多空双方争夺激烈，最终在开盘价的位置停止了争夺。十字线的上影线越长，标志着空方力量越强；下影线越长，标志着多方力量越强。结合量价之间的关系来看，在股价运行到市场高位时出现放量现象，并且收出一根十字线，说明当天出逃的筹码很多，否则股价不会出现放量滞涨的现象。

所以，当股价经过拉升上涨，呈现放量十字线的走势后，主力出货的可能性就会增大，特别是在股价上涨到高位时，突然出现一波快速拉升的行情，随后出现了十字线，则可以确定这是主力出货所为。根据以上分析我们可以得出如下结论：在市场高位出现放量十字线，往往意味着上涨行情即将告一段落，一旦股价有变弱走低的迹象，就说明新一轮的下跌行情即将开始。当市场出现放量十字线的行情时，投资者可以采取以下应对策略。

（1）股价运行到高位区域时出现放量十字线，投资者一定要提高警惕，如果收出长长的上影线，则投资者应在当天立刻卖出。

（2）当出现放量十字线走势之后的次日，如果股价还是低开，而且一开盘就呈现出弱势的走势，则投资者应在开盘后果断卖出手中的股票。

（3）当出现放量十字线之后，一旦股价跌破20日均线的支撑，投资者就要坚决卖出，哪怕是亏损也要清仓出局，不然的话，损失可能会更加严重。

（4）当出现放量十字线的走势之后，即使股价能够持续走高，投资者也要时刻提高警惕，一旦股价上涨到这个十字线的最高点时遇到阻力，就应及时卖出。

5. 应对放量上吊线行情的策略

当股价在高位区域运行时出现放量上吊线，意味着做空动能正在不断加强，虽然多方在开盘时表现得很强势，但随后空方力量就会全力反攻，将股价打压回落。在这个过程中，尽管做多力量也不断出来反抗，但最终还是抵挡不住做空力量的打压。特别是在加速拉升的过程中出现放量上吊线的走势，说明盘中的抛盘相当严重。如果在加速上涨的过程中成交量持续放大，则基本上可以确定是主力出货所为，后市将会很快迎来下跌行情。投资者在高位遇到放量上吊线时，一定要格外注意防范风险。

当市场出现放量上吊线的行情时，投资者可以采取以下应对策略。

（1）在股价出现放量上吊线的当日，投资者应果断清仓出局，特别是在加速上涨的过程中出现这种走势时更应如此。

（2）当出现放量上吊线的走势后，一旦股价跌破30日均线的支撑，投资者就应立刻卖出，不要再对后市抱有幻想。

（3）出现放量上吊线之后，如果股价继续冲高，投资者就要时刻保持谨慎，一旦股价冲高受阻就应立刻卖出。很多个股都会出现这种冲高的走势，但冲高之后很快便会回落，并且引发一波大幅下跌的行情。

（4）出现这种走势的次日，如果股价低盘开出，而且开盘之后呈现出明显的弱势，则作为投资者就要果断卖出。

（5）当遇到高位放量上吊线时，投资者一定要谨慎操作，更不要在股价回落的时候急于买入，以免在高位接手主力抛售的筹码而导致高位套牢。

6. 应对天量天价行情的策略

当行情上涨到高位区域时出现天量天价的走势，表明市场的交易热情已经被推至顶点。在股价创出新高的同时成交量也得到了充分释放，标志着资金流出相当明显，不然的话，在股价创出新高之后的回落过程中，不可能出现这么大的成交量。

当股价在市场高位区域出现这种走势时，标志着股价的上涨已基本接近尾声，主力在股价最后的上涨过程中已经大量出货，没有继续拉升股价的必要了。在股价创新高之后，如果后市成交量无法继续放大，那么很快就会引发一波下跌行情。当市场出现天量天价的行情时，投资者可以采取以下应对策略。

（1）当出现天量天价的走势之后，投资者为了资金免受损失，应在出现这种走势的当日就清仓出局。

（2）当出现天量天价的走势之后，如果次日的股价低开，并呈现出弱势，则投资者应果断卖出。

（3）一旦股价跌破 20 日均线，意味着新一轮的下跌行情已经开始，后市上涨的可能性已经很小，投资者就应立刻卖出手中的筹码。

7. 应对放量连阴行情的策略

在股价经过大幅上涨之后的高位区域出现这种放量连阴的走势，意味着主力即将完成出货。出现这种情形时投资者应多加小心，但不排除股价还会有个反抽（反抽，一般是指当股市形成头部或者出现破位行情后不久，盘面出现短暂的上攻行情，对原来的头部区域和破位的位置加以确认）冲高的过程，但是即便出现了反抽，股价上涨的幅度也不会太大，下跌将是后期的总趋势。

在加速上涨的过程中，无论是放量上涨还是缩量上涨，作为投资者都要引起高度的重视，因为这往往是主力在出货时故意设置的陷阱，以引诱投资者去追高接盘，其真正的目的并不是拉高股价，而是为了尽快出货。当市场出现放量连阴的行情时，投资者可以采取以下应对策略。

（1）一旦股价跌破 30 日均线，投资者应立刻卖出，后市股价大跌的可能性将非常大。

（2）出现这种走势之后的第三天，一旦股价再次跳空低开，投资者应在开盘后立刻卖出。

（3）在股价经过大幅度上涨，特别是在运行到高位区域后加速拉升的过程中出现这种走势，当出现第一根大阴线时，投资者就应果断卖出。

8. 应对二次放量行情的策略

当股价上升到市场高位区域时，出现二次放量构筑顶部的走势（这种二次放量形态在 ST、*ST 股中最为常见，通常在连续涨停、跌停之后，打开涨停、跌停板的时候出现），通常都是由于主力出货造成的。这就意味着股价已经处于上涨行情的末端，主力出货完成后，股价很快就会呈现出下跌的走势。但在出现这种走势之后，也并非意味着股价立刻就会出现大跌行情，或者是立刻进入下跌通道。有些主力在二次放量构筑顶部之后，因为没有把手中的筹码完全出掉，所以不会让股价迅速下跌，不然的话就无法完成出货的最终目标。在这种情况下，主力往往会在二次放量构筑第二个高点之后，让股价进入横盘整理阶段。在这个过程中，股价会维持在一个小幅度的范围内震荡，主力会把握好这一阶段成交量的释放力度，既不使成交量过度缩小，也不让成交量出现巨大的放量。没有实战经验的投资者一旦看到这种走势后，就会片面地认为这是主力的洗盘行为导致的，主力正好利用了投资者的这种心理，在震荡整理的过程中迅速把手中的筹码抛售给他们。一旦主力抛售完筹码之后，股价也就进入了下跌通道。那么投资者遇到这种情况后，究竟应该怎样操作呢？当市场出现顶部二次放量的行情时，投资者可以采取以下应对策略。

（1）如果 K 线是大阴线、大阳线，一般会带有下影线，第二次放量时的股价通常比第一次高，在第二次上攻的时候，打开涨停就卖出。

（2）如果第一次放量的 K 线是锤子线，第二次放量的 K 线是倒锤子线，第二次放量时的股价比第一次低，股价在连续下跌之后，一旦打开涨停板之后出现跌停现象，次日则冲高之后就可以卖出。

如图 3-36 所示，冀中能源（000937）出现了 5 次涨停后，该股像往常一样以涨停开盘之后，盘中一度打开涨停板，并放出了巨量，换手率达到了 16.48%，最终以涨幅 8.14% 收盘。次日，股价高开最终封死涨停。两天后再次创出新高且以跌停收盘，出现了二次放量，当日换手率达到 11.44%，这是短线卖出的信号，之后股价出现了连续的下跌走势。

（3）当遇到二次放量走势的个股时，投资者千万不要急于参与操作。特别是在股价翻了几番之后出现二次放量时，这往往是主力出货临近尾声时故意制造出来的陷阱。

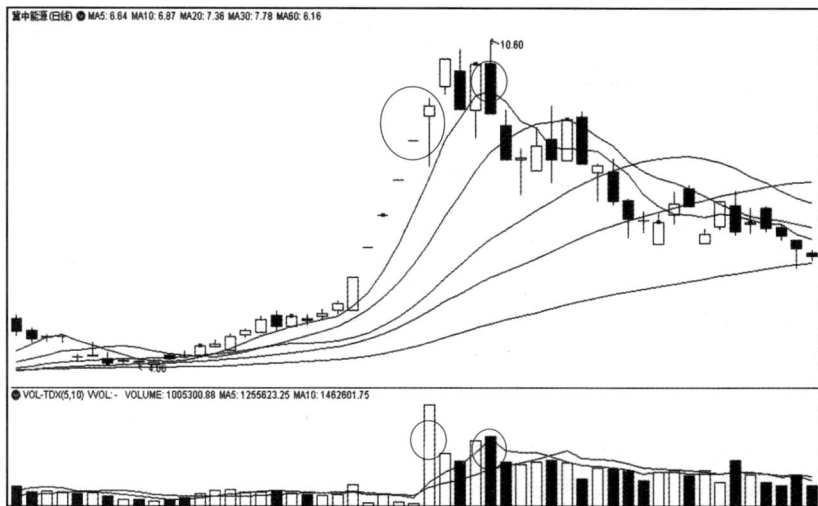

图3-36　冀中能源日K线图

（4）当股价二次放量上冲到第一次高点附近受到强大阻力而回落时，投资者要立刻清仓出局，不应再对后市抱有任何幻想。

（5）当二次放量回升之后，一旦股价再次跌破 20 日均线，往往预示着新一轮大跌行情即将开始，投资者此时所要做的就是果断地卖出手中的股票。

六、量价配合下的股价走势分析

量价配合就是指股票价格和成交量的变化趋势和方向是相同的。股票价格上升，成交量也跟着攀升，说明后市向好；股票价格下跌，成交量也紧跟着下降，说明投资者对后市看好，持股惜售，转势反弹的概率很大。量价配合一般表现为量增价涨和量减价跌两种情况。

（一）量增价涨

量增价涨的走势（见图 3-37）通常会发生在多头初升段、多头整理结束、多头末升段、空头盘整反弹和空头末期的盘底五种行情中。

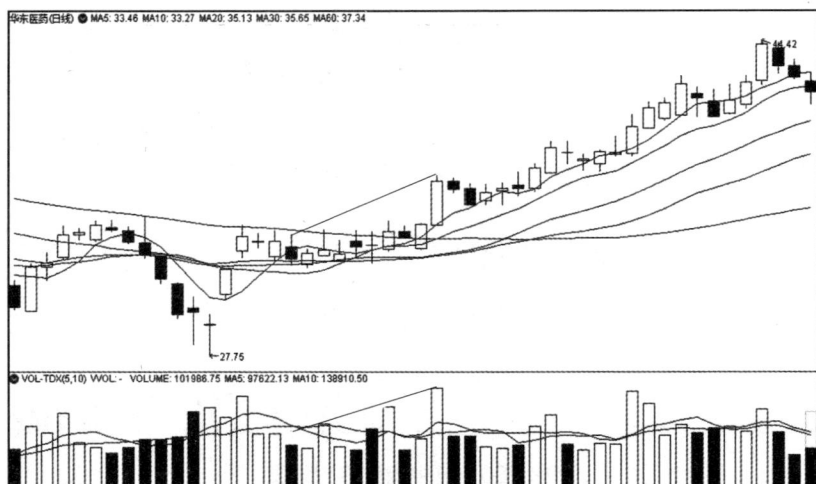

图3-37   量增价涨

（1）多头初升段：当股价完成底部构筑后，从空头行情转为多头走势时，通常定位此为初升段行情，若股价出现上涨信号，应该趁此机会做多，这个时候出现新增量，通常会有新的高价出现，投资者可以静心期待。

（2）多头整理结束：当股价已经从底部上涨一段时间之后，此时，股价处在回升行情中，如果利用黄金螺旋测量估计股价处于相对高位，则应注意股价会针对上涨波段做拉回修正的行情，当股价修正结束后，呈现再度上涨的多头走势时仍会伴随量增价涨的现象，只是这个时候如果出现新高价，行情不一定会跟随出现新高量。

（3）多头末升段：当股价整理后继续上涨，在相对高位成交量激增，紧接着成交量迅速萎缩，股价略为创高后便迅速拉回，预示着股价未来将有进入强势修正的态势。因为股价在高位或上涨已久的背景下，正是主力出货的最佳时机，因此在高位区且疑为多头末升段时，只要股价上涨而成交量异常放大，不论是否留有上影线，都暗示着大户可能正在趁高位出货。

（4）空头盘整反弹：当股价趋势转空后的初跌段结束之后，会紧接着出现反弹的短期多头行情，在反弹的过程中，也会出现量增价涨的态势，但是因为上位解套及低位短线买多的获利卖压会在反弹末端出现，所以往往会使成交量出现短期大量，使走势呈现滞涨，并恢复之前的下跌走势。

（5）空头末期的盘底：如果当股价处于空头下跌末期的时候，股价进入探底过程，也会出现量增价涨的走势，此处的走势很容易与空头中的反弹行情相混淆。为了分辨其中的差异，实际操作者往往会利用潮汐理论与波浪理论的特性，搭配测量系统预估走势。当底部构筑完成后，代表趋势将由空转多，投资者宜于底部确认完成时切入做多。

（二）量减价跌

量减价跌主要是指个股（或大盘）在成交量减少的同时，个股的股价也同步下跌的一种量价配合现象。量缩价跌现象既可能出现在下跌行情的中期，也可能出现在上升行情的中期，对它们的研判过程和结果是不同的。

量减价跌的走势通常会发生在谷底时期、多头主升段、空头初跌段、空头主跌段与空头末跌段五种行情中，如图3-38所示。

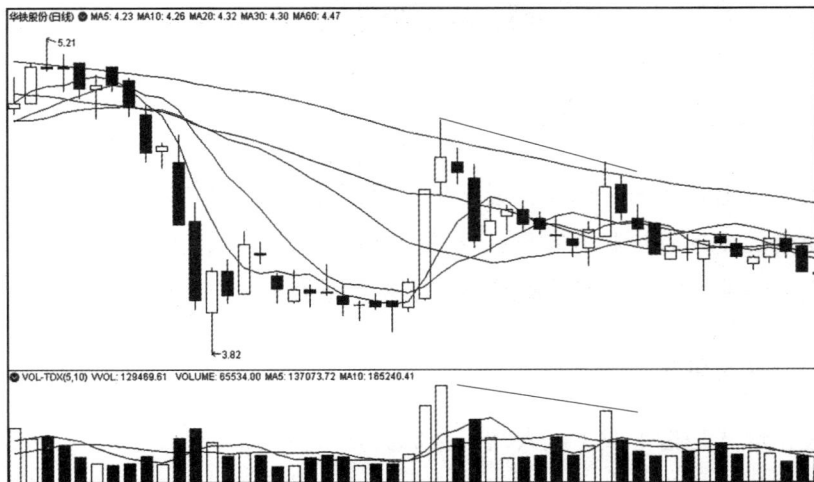

图3-38　量减价跌

（1）谷底时期：如果股价处于中期空头趋势中，20日移动平均线仍然持续下滑，通常会呈现量能跟随股价萎缩的情形。等到成交量不再创新低并维持3日以上时，伴随着量增价涨，股价就会进入谷底时期。在回调过程中，也会出现量缩价跌走势，这也是谷底时期的特殊现象。

（2）多头主升段：股价上涨遇阻，短线呈现拉回的走势，当量价关系止跌企稳后，只要出现量增的走势，则股价还将持续上涨。

（3）空头初跌段：当多方承接力道减弱时，表明跌势即将开始。反弹时注意量价背离或是出现大量不涨的迹象。

（4）空头主跌段：正常情况下，在长期多头的中期回调走势中，股价与量能的走势几乎呈现同步的状态，当量能出现极度萎缩，且20日均量走平，如果股价不再下跌创新低，就说明卖压减轻，未来将会进入反弹周期。

（5）空头末跌段：股价经过一段下跌走势，出现了止跌的迹象，且近期跌幅或是乖离率已经缩小，当成交量同步萎缩至低点时，暗示股价已快到底部。此时虽然买盘仍裹足不前，同时也有持股者惜售现象，因此行情可望于近期进入谷底期。

七、量价背离下的股价走势分析

当股价出现新的高峰时，成交量不但没有增加反而减少，也就是说股价和成交量的变动趋势和方向是相反的，这种现象称为量价背离。量价背离一般表现为两种情况，分别为量缩价涨和量增价跌。

（一）量缩价涨

量缩价涨是指个股（或大盘）在成交量减少的情况下，股价反而上涨的一种量价背离的现象，它大多出现在上升行情的末期，有时也会出现在下降行情中期的反弹过程中。量缩价涨的现象在下降行情和上升行情中的研判标准是有差别的（图3-39）。

（1）在持续下降的行情中，股价经过短期内的大幅度下跌后，由于跌幅过大，主力没能够全部出货，所以主力会抓住大部分投资者不忍心轻易割肉的心理，再用少量的资金将股价拉高，造成量缩价涨的假象，利用这样的反弹走势达到出货的目的。

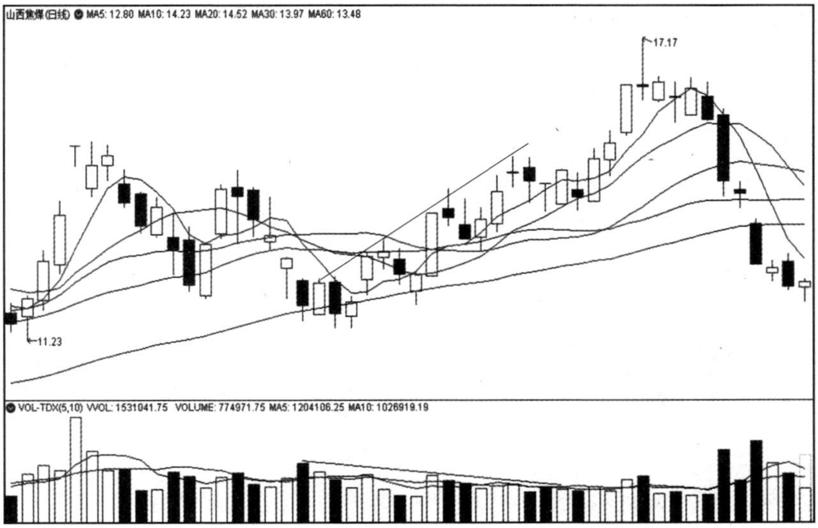

图3-39　量缩价涨

（2）在持续上升的行情中，适度的量缩价涨表明主力控盘程度很高，维持股价上升的实力比较强，大量的流通筹码被主力锁定。但量缩价涨毕竟显示的是一种量价背离的趋势，因此，在随后的上升过程中如果出现成交量再次放大的情况，则预示着主力可能在高位出货。

总之，对于量缩价涨的行情，投资者应该以持股或持币观望的态度为主。

（二）量增价跌

量增价跌是指个股（或大盘）在成交量不断增加的情况下，股价反而出现下跌走势的一种量价背离现象（见图3-40）。

量增价跌现象大多数出现在下跌行情的初期，也有小部分出现在上升行情的初期。对量增价跌的研判，在下降行情和上升行情中是不同的，其具体表现如下。

（1）在下跌行情的初期，股价经过一段较大的上涨后，市场上的获利筹码越来越多，投资者纷纷抛出股票，致使股价下跌，出现高位的量增价跌现象是卖出信号。

图3-40　量增价跌

（2）在上升行情的初期，有些个股会表现出量增价跌的现象。假如股价经过一段长时间的下跌或者底部较长时间的盘整后，主力为了获得更多的低位筹码，就会采用边打压股价边吸货的手法，造成股价走势呈现量增价跌的迹象，但像这种情况也会随着买盘的不断增加、成交量的同时上升而消失，产生这种量增价跌的现象时通常是底部买入的信号特征。

八、不同市道的量价走势分析

（一）牛市中的量价走势

所谓"牛市"，是指市场行情普遍看涨，延续时间较长的大升市，一般也称多头市场。股市中有一个不变的规律，即"跌要跌过头，涨要涨过头"，抄底和逃顶要牢记这个规律，只有跌过了头人们才会相信还会继续跌，股民不得已将自己的筹码卖在低点，在行情启动之时许多个股的股价已经跌得惨不忍睹，低廉的垃圾股遍地都是，成交量也萎缩到了历史的最低点。此时，说明市场处于极度低迷状态中，但在行情启动之前一般仍会有小幅的放量，这预示着行情不久就会启动。牛市中的量价特征主要表现为以下几个方面。

（1）股市行情的初期阶段持续的时间根据行情的大小而有所不同，一般会持续几个月，到大盘经历第二次幅度较大的调整为止都属于行情初期，大盘的第一次调整一般是洗盘行为。投资者在底部要敢于买入，并且要选择涨幅大、涨速快的个股或者跌幅很大的在底部开始出现放量的个股果断介入，买进之后要坚持持股，不要被别人的言论所左右。

（2）如果是前期涨幅过大的股票就不要再买了，这类股票常常会补跌，那些无量趴在地上不动的个股也最好不要去碰，因为这些个股可能要经过一段时间后才会有所表现。股市的机会很多，在底部没有来得及建仓的投资者在此后某个恰当的时机选择介入，同样可以获利，滞后于大盘启动的股票常常后来居上，这表明主力早已潜伏在其中，等散户资金都去追逐其他股票时才会启动，从而避免底部的跟风盘。

（3）在大牛市行情的初期，投资者想要追涨放量突破的个股，则个股必须具备以下三个前提条件：

①该股必须经过较长时间的横盘整理。

②量价配合要理想，要有明显的放量现象。

③资金流入应持续稳定，大量资金介入明显，过了行情初期，追涨买进就有很大的风险了，所以投资者一定要谨慎操作。

（4）通常情况下，投资者可以在第二根小阳线高于第一根小阳线的时候买进，但如果大阳线突然拉起就不要买了，因为这样的个股可能还会再次回探。个别股票直接拉起不回头，说明主力已经放弃了低位筹码，此时，投资者不要急着去追，把握"急拉不买、急跌不卖"的原则，这样才能避免不必要的损失。在急跌时买进的股票，行情初期往往是急跌慢涨，这对主力吸纳低位筹码不但有利而且可以清洗浮筹，遇到洗盘跌幅大的股票说明主力手里的筹码积累得差不多了，投资者可在股价急跌后开始上涨时买进。

（5）在股市中有这样的说法："买股不急、卖股不贪、持股不散、止损不拖。"这是指行情中后期的操作策略，有许多类似的股市格言其实只适合某个阶段。在股市的每个阶段，其操作手法和技巧都是不同的，大盘经数月上涨后，如果发现大部分中小盘股和概念股滞涨或下跌并有资金从这些股票中持续流出的时候，应清理手中的这些筹码，等大盘经调整并止跌企稳后再根据热点进行操作，选择前期涨幅不大的有资金流入的板块个股介入。

（6）大盘调整后，是买跌幅大的还是买跌幅小的，要从大盘开始下跌的时候就留心观察，许多大牛股初期会逆势走强，但更多的逆势走强的个股随后会补跌，前期超跌的个股逆势启动时投资者可以买进，前期涨幅很大的就要回避，选择跌幅大的并且有资金流入迹象的股票更安全，在同类股票中市盈率低的股票也不一定有好的表现，选择股票要以量价配合和资金流入情况为根本判断标准，而不要单从业绩方面来看。

（7）如果在大牛市初期频繁盲目地操作，那么很可能会造成该赚的钱赚不到的局面。另外，还要避免主力洗盘，有些股票看上去技术面、基本面都不错，而你一旦买进股价就表现出停滞不涨了，等着你抛售后，主力就会开始拉升，因为你的进出早在主力的掌控之中。应对技巧是要么尽早出来，要么持股直到盈利为止。

（二）熊市中的量价走势

所谓"熊市"，是指市场行情普遍看淡，延续时间相对较长的大跌市，通常也称空头市场，熊市中的量价走势的表现特征有以下几个方面。

（1）在熊市中，对于下挫行情以及不足道的小反弹行情，"眼不见为净"是看盘者保持良好心态的一个诀窍，只要看清了大势、大方向，那么短线的反复、盘中的量价走势，都是可以忽略不计的。

（2）在熊市中，只有当市场对于利空麻木、跌无可跌时，才是股价见底的信号之一。如果仍旧有政策层面的多头出现或者市场中的多头存在，则"多头不死，空头不止"。所以，如果熊市中出现利好，却没有成交量等关键因素的配合，那么这种利好带来的反弹往往是抛出的机会。

（3）在熊市中，首先股价出现下挫的往往是有利空打击的股票，其次下挫的通常是没有利空的以及追随大势的股票，最后下跌的才是出现补跌的强势股。正因为下跌有先后次序，因此，大势走熊的情况下，即使有一时的强势股，但是对于投资者来说，介入的风险仍很大，此时以不介入为宜，以防一旦补跌，跌势会更加凶猛。熊市中应该趁强势股尚处于强势时逢高卖出，以防补跌（补跌是指股价在指数下降或大盘下跌的时候比较抗跌，甚至可能上升了，随后在指数盘整或上升的时候，股价反而出现了下跌的现象）造成更大的损失。

（4）"盘面三无"是指无成交量、无领头羊、无板块跟风效应，而成交量、领头羊和板块跟风效应正是牛市中推动股指上行必不可少的因素。在熊市中，盘中即使拉升，即使走出"第 30 分钟处于前 30 分钟最高点"的走势，但是，只要量能不配合，股指仍会出现下跌。在大波段的调整中，尤其是熊市中，盘面上往往弥漫着"三无"特征。

（5）在熊市中，投资者持有的股票数越少损失就越少，这是熊市中含权股、填权股能够出现"逃权""贴权"的心理层面的因素。所以，如果盘面上含权股逃权、除权股贴权的情况较多，则说明此时处于熊市。

九、天量、地量下的股价走势分析

（一）天量下的股价走势

股价在经过较长时间的持续上涨之后，交投非常活跃，成交量也逐渐放大，市场人气格外旺盛，利好消息满天飞。此时由于股价上涨幅度巨大，引发理性投资者大规模的获利回吐和抛售，成交量出现急剧放大后股价也随之出现深幅回落，这时的巨大成交量就称为"天量"。

（1）创历史纪录的巨大成交量产生之后，往往就是股价见顶回落并产生反转的先兆，需要在随后相当长的一段时间内对股价进行修正。所以，在天量出现之后，是中长线投资者退出的最佳时间。

（2）当参阅以往股价的历史走势时，我们很容易判断出哪些成交量为天量。对天量的判断，往往要依靠分析者本身的市场经验，但从以往的经验来看，天量出现时通常具备以下四个条件：

①天量出现之前股价已经出现连续的上涨态势，且上涨的幅度很大，目前价格已经居高位。

②股价进入上升的末期，连续大幅上扬后出现上涨乏力的现象。

③市场人气兴旺，交投异常活跃，利好消息满天飞。

④成交活跃程度比以往都高，换手率连续数日保持在10%以上。

（3）天量一旦出现，那么股价离见顶回落的日子就不会很远了。抛得过早将不利于利润的最大化，抛得过晚又会蒙受损失，怎样操作才能获得尽可能多的利润呢？在这里为大家介绍一种"倒金字塔"卖出的方案：在第一次出现巨大成交量时，投资者开始部分抛出手中的股票，以持仓量的1/4为宜；当股价继续上涨并创下新高之后再抛出持仓量的1/4，并加码卖出，加码的幅度为1/4的1/3（即持仓量的1/12）；第三次则在第二次卖出数量的基础上再加码卖出，将所有的股票清仓。这样一来，就可以使抛出股票的价格水平与股价顶点靠近，从而尽可能地实现利润最大化。

（4）天量出现的时候，往往也是短线操作者获取超额利润的最佳时机，但一定要设定好止损位和止盈点，这样可以帮助投资者降低投资风险。

在这里特别提醒投资者，进行如此高风险的操作必须具备深厚的市场经验，而且必须与市场保持密切的联系，现实中，能做得好的投资者极少，所以，初入市的投资者应尽量避免在天量出现时追高，以免操作失误而被套其中。

（二）地量下的股价走势

股价在持续下跌较长时间之后，市场人气非常涣散，利空消息满天飞。此时，由于股价下跌时间跨度和价格幅度都很大，应该抛售股票的投资者早已离场，剩下的只是坚定中长线持有的投资者，因此股票的抛售压力越来越轻，但同时买盘也寥寥无几，导致成交量逐渐萎缩。在成交量不能再缩小的情况下，股价的缩量形成谷底并逐步开始向上，此时，严重萎缩的成交量就称为"地量"。其实，"地量"只是一个相对的概念，由于市场规模扩容，不同时期会有不同的标准。简单的办法可以以历史的单日成交数据作为参照，复杂一些的办法则可以以当时大盘的换手率进行比较。地量下的股价走势通常有以下几个方面的特征。

（1）原始空头市场结束的标志之一就是地量的出现，即"地量之后是地价"，反映了每当成交量萎缩至地量时，通常都预示着股价即将见底回升，因为此时场内持股的投资者将会惜售，不愿意再抛出股票，抛压越来越轻，如果此时买盘稍微放大，则股价就会出现回升。因此，在空头市场末期以及多头市场中，市场即将见底的信号往往是地量的出现，这也是中长线投资者开始建仓的大好时机。

（2）在行情清淡的时候地量往往会出现。如果市场长期成交清淡，持股的不想卖股，持币的不愿买股，此时就容易出现地量，这也是长线买家进场的时机。

（3）股价即将见底的时候会出现地量。股价在经过一番炒作之后，总有一个价格向价值回归的过程。在其漫漫下跌途中，虽然偶有地量出现，但很快就会被更多的抛压淹没。而在股价即将见底的时候，该抛售股票的投资者都已经抛售出去了，没有抛售出去的投资者也不想再抛售股票，于是，地量不断出现，而且持续时间较长。一般到连续出现地量的时候，距离真正的底部也就不远了。

（4）在主力震仓洗盘的末期常出现地量。主力如何判断震仓效果是否有效的方法有很多，地量的出现便是技术上的一个重要信号。此时，持股的不愿意再低价抛售，或者说已经没有股票可卖了，而持币的投资者由于对后市看空，也不敢轻易进场抢反弹，于是成交清淡，地量便会产生，而且一般还具有一定的持续性，此时是中线投资者进场的大好时机。

（5）当股价处在拉升前的整理阶段时，地量也常会间断性地出现。在主力拉升股价前，都要让大部分筹码保持良好的锁定性，即"锁仓"。为了判断一只股票的锁仓程度，从技术上来说，地量的间断性出现是一个较好的信号。地量出现的末期，通常标志着主力即将进入拉升阶段。

（6）当股价拉升到一个非常高的位置之后，主力通常会做横盘整理，这时也会经常出现地量，但此时的地量反映了场外的投资者不敢介入，主力为了吸引跟风盘以达到出货的目的，一定会放量拉升。此时买进的风险很大，因为如果遇到利空因素，主力很可能会放弃原有的计划而以杀跌的形式出货。

本章操作提示

从量价关系的走势来分析，总体而言，股价在一段时间有可能出现放量或者缩量，成交量水平或高或低。但具体到盘中，无论日K线图上是放量还是缩量，在分时走势中成交量总有变化，也就是说成交量每天在盘中都会有局部的波峰和谷底。

同样的道理，不论股价是处于下跌趋势或者上涨趋势，日K线图中是收阴还是收阳，分时走势在盘中总有阶段性的高点或低点，成交量也不可能是均匀分布的。分时走势的量价配合在看盘中的主要应用不仅要观察其特征，而且要注意其变化。所以，投资者要勤于观察，细致分析，才能在走势中准确判断出个股所处的位置和具体的行情特征，正确应对并稳健获利。

第四章

通过成交量判断主力动向

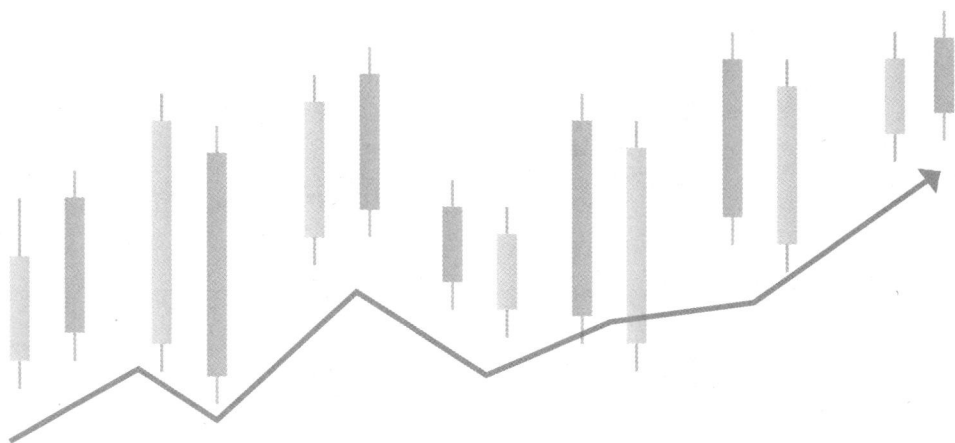

一、成交量是透露主力意图的窗口

在股价极易被大资金操控的情况下，成交量就成为中小投资者手中最有力的"武器"。作为中小投资者，只要能够对成交量的细微变化进行仔细的研究，就很容易发现主力的真正意图。以下讲解一下如何利用成交量来识别主力意图。

（一）利用成交量大小发现主力意图

成交量变化的大小通过换手率的高低反映了市场的交投活跃程度。一般来说，成交量越大，说明市场对当前股价的认可程度越小，反之则越大（见图4-1）。

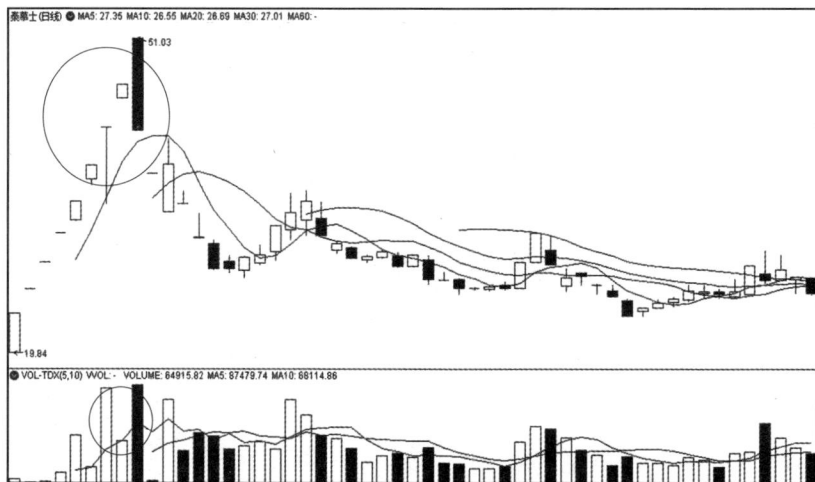

图4-1　成交量放大

（二）利用成交量的反常现象观察主力意图

成交量出现反常现象，大多预示行情即将发生较大的变化。当股价处于相对底部区域时，如果成交量在放大的同时股价并没有出现较大幅度的上涨，说明主力正在积极地进行吸筹；相反，如果股价处于相对高位，在成交量放大的同时，股价却没有出现大幅度的下跌现象，那么此时表明主力很可能正在悄悄地出货。

（三）通过个股活跃程度观察主力意图

一般来说，当新主力出现时，从收集筹码到控盘的时间相对较长，成交量会逐渐活跃起来。但是在进入控盘阶段后，主力必然不会长时间在其成本区域附近徘徊，而是会迅速拉高股价，从而产生一波上升行情。个股的活跃程度往往能够及时反映是新主力还是老主力及其实力大小。

（四）通过换手率研判主力意图

成交量的活跃程度，预示着个股突破后的爆发力度，换手率越高，则参与者越多，一旦市场向某个方向突破，原来巨大的多空分歧就会因一方的胜利而迫使另一方不得不加入己方。虽然主力用直接快速拉高建仓的方式并不多，但是，从一段时间的换手率也能够了解主力的真正意图。

以上所讲的内容仅仅是通过成交量发现主力意图的部分应用知识，在实际操作中，对成交量的分析必须结合股价的走势一同研制，这样才能最大限度地发挥其在分析中的有效性。

二、通过成交量判断大资金进出方向

一般来说，当主力还未准备拉抬股价时，股价的表现往往是很沉闷的，成交量的变化也不是太大，此时，研究成交量没有现实意义，也不能断定主力的意图。但是，一旦主力放量拉升股价，主力的行踪往往就会暴露，此刻我们再来研究成交量的变化，就具有非常重要的意义，如果能够准确地捕捉到主力洗盘的迹象并果断介入，往往能在短期内获取收益。

散户往往在根据成交量判断主力出货与洗盘时，不是错把洗盘当出货，过早卖出从而痛失获利良机，就是误将出货当洗盘，该出手时不出手，结果失去出货良机。怎样才能避免判断失误呢？投资者可根据成交量的以下特征来判断主力的进出方向。

（一）观察价格变化，识别资金流向

主力洗盘的目的是恐吓市场中的浮动筹码，所以，其走势特征往往是股价跌势凶猛，用快速、连续性的下跌态势以及跌破重要支撑线等方法来达到洗盘的目的。而出货的目的是卖出手中的筹码兑现利润，所以其走势特征比较温和，以一种缓慢的下跌趋势来蒙骗投资者，使投资者不知不觉地陷入深套，最终导致无法自救。

（二）利用持续时间的长短判别资金流向

一般情况下，上涨途中的洗盘持续时间不会太长，通常为5～12个交易日，如果时间太长，往往会被投资者识破；而出货的时候，股价即使超出这个时间段，仍会表现出缓慢阴跌的走势或盘整态势。

（三）观察尾盘，识别资金流向

一般情况下，洗盘时尾盘常常会出现反常，比如，股价本来全天走势都非常有序，但是临近尾盘时，却突然遭遇巨大卖盘的打压，而出货时尾盘出现异动的现象相对要少得多。

（四）通过成交密集区识别资金流向

通过成交密集区往往可判断主力是在洗盘还是在出货。如果股价从底部区域启动不久，到达离低位成交密集区不远的位置，这时出现洗盘的概率比较大；如果股价逼近上档套牢筹码的成交密集区时遇到阻力，则主力出货的概率比较大。

三、通过盯盘发现主力动向

主力的资金量一般都非常雄厚，正因为他们的资金量大，所以，在股市中稍有行动就很容易暴露自己。投资者只要认真观察盘面的情况，就可以发现主力的动向。

（一）通过观察盘口研究主力动向

实时盯盘的基本工作是观察买盘和卖盘，股市中的主力经常挂出巨量的买单或卖单，然后引导价格朝某一方向波动，并时常利用在盘口挂单的技巧，引诱投资者做出错误的买卖决定。因此，注意盘口变化是实时盯盘的关键，可以发现主力的一举一动，实战技巧如下。

1.通过上压板、下托板判断主力意图和股价方向

大量的卖盘挂单俗称上压板，大量的买盘挂单俗称下托板。无论上压还是下托，其目的都是控制股价，诱入跟风盘，但股价处于不同区域时，其作用是不同的。当股价处于刚启动不久的中低价区时，主动性买盘较多，盘中出现下托板往往预示着主力做多的意图，投资者可考虑介入；若出现了上压板而股价却不跌反涨，则主力压盘吸货的可能性偏大，往往是大幅涨升的先兆。当股价升幅已大且处于高价区时，盘中出现了下托板，但走势却是价平量增，此时要当心主力诱多出货；若此时上压板较多且上涨无量时，则往往预示顶部即将出现，股价将要下跌。

2.隐性买卖盘和买卖队列的关系

在买卖成交中，有的价位并未在买卖队列中出现，却在成交一栏里出现了，这便是隐性买卖盘，其中常蕴含着主力的踪迹。一般来说，上有压板，而出现大量的隐性主动性买盘（特别是大手笔），股价不跌，则是大幅上涨的先兆；下有托板，而出现大量隐性主动性卖盘，则往往是主力出货的信号。

3. 对倒

对倒是指主力利用多个账号同时买进或卖出，人为地将股价抬高或压低，以便从中获利的一种操作手法。当成交栏中连续出现较大的成交量，且买卖队列中没有此价位的挂单，或者成交量远大于买卖队列中的挂单量时，则十有八九是主力刻意对倒所为，此时，如果股价在顶部则多是为了掩护主力出货，如果股价是在底部则多是为了激活股价走势。

4. 扫盘

在涨势中常有大单从天而降，将卖盘挂单悉数吞噬，即称扫盘。在股价刚刚形成多头排列且涨势初起之际，若发现有大单一下横扫了买卖队列中的多笔卖盘时，则预示主力正大举进场建仓，是投资者跟进的绝好时机。

5. 大单

大单是指每笔成交中的大手笔单子。当买卖队列中出现大量买卖盘，且成交大单不断涌现时，往往预示着主力资金非常活跃。

（二）通过盘面分析研判主力动向

1. 看量价配合状况

通过观察成交量柱状线的变化与对应价格的变化，判断量价匹配是正匹配还是负匹配。具体方法是：若成交量柱状线由短逐步变长，价格也同步走高，则表明推高动能不断加强，为正匹配，可跟进；反之，若价格上涨，成交量柱状线却在萎缩，则为负匹配。无量空涨，短线还会回调。同样，若成交量柱状线由短逐步变长，价格不断下滑，表明有主力在打压，是危险信号，通常大势短期很难再坚挺；若成交量柱状线不断萎缩，指数却飞速下滑，则是买盘虚脱的恐慌性下跌，短线介入可获利丰厚。另外，如果成交量柱状线急剧放大，股价既未上攻又未下滑，则可能是主力在洗盘，此时投资者可以以观望为主。如果股价处在高位，成交量柱状线放大，股价逐步下滑，说明主力正在减磅出货；反之，当成交量柱状线放大后持续萎缩，股价却不断下滑，此时有可能是主力在震仓，此时投资者应该捂紧自己的股票待涨。

2. 看股价异动走势

分时走势图有时会突然出现飙升或跳水走势，因事先没有征兆，所以称为异动走势。如果不查明其原因所在，只是跟随分时图走势做投资决策，极易出现操作失误，应该快速查明原因。另外需要注意节假日也会对交易行为和心理预期产生影响，进而影响盘中走势。

由于我国市场的假期与国外市场不同，在我国市场放假期间国外市场仍处于交易状态，因此，这段真空期的外盘价格走势对国内市场的影响充满了更多的不确定性。出于风险规避的角度考虑，谨慎的投资者会选择空仓，这是节假日来临前市场的普遍心态。出于预期考虑，小资金会在节假日前对境外市场做出判断，而主力考虑的则是重大战略的部署问题，即在某种情况下采取何种方式更有利于自己，在节后影响因素明朗的情况下掌握更大的主动。

四、利用成交量捕捉主力机构动向

在利益博弈的股票交易市场中，参与者不外乎是散户、中小投资机构、主力机构三大主体，参与者为了使自己尽可能回避股市风险，获取更大收益，都会发挥自己的优势。

在股市里，主力机构的操盘行为一般都包括建仓、洗盘、拉升、出货这四个阶段。由于大资金运作计划性强，运作时间较长，有的长达数年，主力机构在操盘过程中，股票的运行轨迹是事先计划好的，走势一般不会随波逐流，有其固定的操盘方式和特点。面对主力机构的操作手法，有经验的投资者往往能够通过盘口语言以及各个阶段成交量的细微变化捕捉到主力机构的许多做盘痕迹。下面我们分析一下主力机构在建仓、洗盘、拉升、出货这四个阶段中的成交量特征。各个阶段呈现出来的不同的成交量特征，为投资者捕捉股市中主力机构的动向提供了重要的线索和操作依据，值得投资者充分利用，科学总结。

（一）建仓阶段

在大多数情况下，主力机构在建仓吸货时，往往会做得比较隐蔽，成交量变化也不是太明显。但是，个股上涨时大幅放量以及个股下跌时急剧缩量是建仓阶段成交量变化的主要特征，或者在底部区域有明显的成交量持续放大，因此我们可以通过即时图、分时量价走势以及成交量堆积的状况等发现主力机构进场的痕迹（见图4-2）。

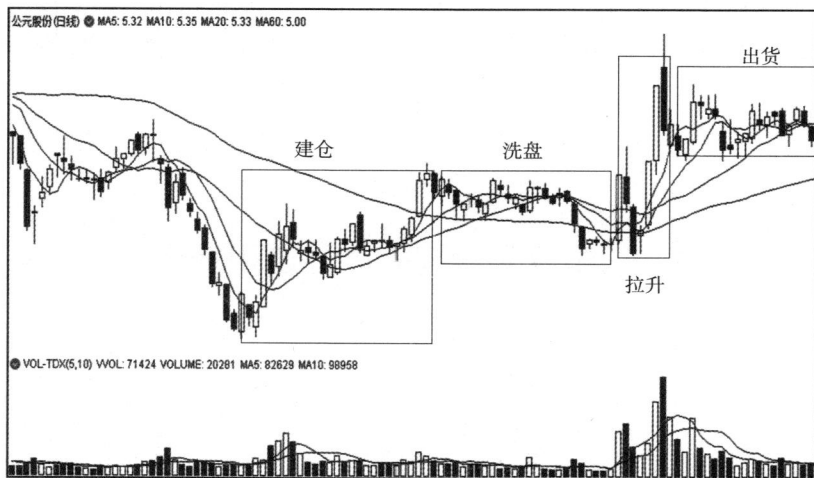

图4-2　主力操盘的四个阶段

（二）洗盘阶段

主力机构在洗盘阶段，经常会利用大势不好或各种利空消息打压股价，从K线图看，往往是阴线不断，盘中还常常伴随着放量杀跌，表面上好像是主力机构正在大肆出货，而事实却并非如此。有经验的投资者只要仔细研究一下就会发现，股价的重心仍然在中期均线系统的支撑下缓慢上升，即使股价出现快速下跌，跌破支撑位后也不会继续大幅下跌，而是在较短的时间内重返支撑位之上运行。此刻，主力机构低位回补的动作一目了然。一般情况下，在洗盘阶段末期，新的升势开始之前，成交量往往是大幅萎缩的，随着股价上升，成交量才开始逐步放大（见图4-2）。

（三）拉升阶段

主力机构在拉升阶段，最典型的特征是成交量稳步连续放大，股价随之也不断攀升，形成经典的价升量增的趋势，制造诱人的获利效应。短中期移动平均线系统处于多头排列状态，或中长期移动平均线系统即将处于完全的多头排列状态，阳线出现的次数明显多于阴线出现的次数，从而引诱场外的跟风盘不断加入，以达到主力机构伺机减仓出货的目的（见图 4-2）。

（四）出货阶段

在出货阶段，股价已远离底部，于是主力机构不断利用对倒制造虚假的旺盛买进氛围，以诱骗散户或中小投资机构接走主力抛售的筹码。在 K 线图上呈现放量滞涨，高位大幅震荡的走势，成交量表现出不规则的放大和渐渐萎缩的特征（见图 4-2）。

五、通过成交量辨别主力增仓洗盘

在长期大幅下跌后的低位区域，主力机构要想吸到大量筹码，所对应的是有大量散户忍痛割肉（假如主力机构要吸纳个股六成的筹码，那么相对应的市场中就要有一多半的持股者忍痛割肉）。要达到这一目的，主力机构就必须制造种种假象让市场看淡，制造各种空头形态，迫使散户在低位区域交出手中的廉价筹码。从成交量方面的变化特征来看，较容易辨别主力机构是否是在增仓洗盘，其辨别要领如下所述。

（1）股民在看 K 线图时，常常会遇到放量滞涨、缩量回调的现象，在这种态势下，成交量在盘中时常表现为脉冲式的放量，而当回调时往往表现为大幅缩量。随着主力资金吸筹量的不断增加，往往会通过各种手段来控制股价的走势，使股价不至于上升过快而使建仓成本增加，同时通过调控股价也可以调整和修复技术指标。在一般情况下，当主力机构吸筹到一定程度之后，反而会大肆打压、洗盘，将一些信心不足的散户扫地出门。因此，在K线形态上，往往会呈现出明显的头部形态和阴包阳的K线组合，或连续的下跌阴线等，在技术指标上形成"假死叉"的现象。

（2）主力机构在股价较长时间下跌后，一般不会无意识地突破历史上的密集套牢区，因为这样会花费很多资金。所以，如果后市没有较大的上涨空间，主力资金不会轻易进场为他人解套。而在低位区域放量创出新高的个股，往往有较大的上升空间。从某种程度上来讲，主力资金在低位某一区域累积的成交量越大、换手率越高，则表明其筹码越集中，个股未来的相应上涨空间也就越大。

（3）一般来说，股价在充分筑底后，开始小幅上涨，成交量在5日、10日均量线上下频繁波动，股价上涨时成交量超过5日均量线，股价下跌回调时成交量低于5日、10日均量线，形成"锯齿"形的成交量组合时，都是主力明显的建仓增仓信号。另外，在低位弱势区域能够放量突破密集区后主动回调的一些个股，也是主力明显的增仓洗盘行为。因为主力机构通过突破套牢密集区后主动回抽，一方面可以吸到更多的筹码，另一方面也可以使筹码更趋于集中，为以后的大幅拉抬积蓄力量。

总之，当低位区域出现上升放量，回调缩量或低位出现较大的成交量时，往往是主力资金建仓、增仓的信号。主力机构为了吸筹，通常会在底部区域耍一些花招和把戏（作为中小投资者，千万不要被虚假的K线组合所吓倒），其意图是通过反复震荡来吸纳廉价筹码，使市场成本趋于一致，以便为以后的拉升做准备。

六、从实时盘中寻找主力

在证券市场中投资者经常谈论的话题之一便是主力的动向，把好"主力脉"，便有了收益上的保障。在股市中，买卖盘就是主力动向的窗口。在实际操作中，探寻主力动向的方法有很多，但很多投资者往往忽视了在我们身边就可以准确观察主力动向的窗口即个股交易的买卖盘。具体地说，就是一只股票委托买入的价格数量及委托卖出的价格数量的反映。目前，证券分析软件一般为投资者提供买卖价格五档的买卖盘情况，即个股当日走势中的买一至买五与卖一至卖五。买卖盘是个股主力"发言"的场所，主力如果进行操作，就必须进行买卖，所以其意图常常不经意地在这个窗口暴露出来。投资者应时刻注意以下几种情况，从实时盘中寻找主力的踪迹。

（1）如果某只股票经过连续下跌之后，在其买盘经常见到大手笔买单挂出，这是绝对的护盘动作，但这并不意味着该股后市止跌了。因为在市场中，股价是护不住的，事实上，"最好的防守是进攻"，主力如果常常护盘，只能证明其实力不强，否则可以推升股价，此时该股的股价往往还有下探的空间。投资者此刻可留意该股，因为该股"套住了主力"，一旦后市转强，这种股票往往会一鸣惊人。

（2）如果某只股票在某日正常平稳的运行过程之中，股价被盘中出现的上千手的大抛单突然砸至跌停板或跌停板附近，随后又被快速拉升，或者股价被盘中突然出现的上千手的大买单拉升，然后又快速归位，则表明有主力在其中试盘。这样的股票当日一般都会收出一根带有上影线或下影线的 K 线，若该股在一段时期内的走势中总出现下影线，则主力向上做的可能性比较大；反之，则主力出逃的可能性大。主力向下砸盘，是在试探基础的牢靠程度，然后才敢放心拉升。

（3）如果某只股票一直在低位运行，突然某日股价有所上涨，而在卖盘上却挂出巨大抛单（每笔常见上百、上千手），买单则相对比较少，此时，如果有资金进场将卖盘的压单一一吃掉，可认为是主力的建仓行为。特别需要注意的是，此时的压盘抛单并不一定是有人在抛空，而有可能是主力在利用自己的筹码造量，以吸引投资者注意。此时如果持续出现卖单挂出便被吃掉的情况，便可反映出主力的实力。投资者要注意，如果想介入，千万不要跟风追买卖盘，应待到大抛单不见了，股价也在盘中回调时再介入，避免当日追高被套。

主力有时在委卖处挂出大单，也是有意要吓走持股者。无论如何，在低位出现上述情况时介入，一般风险不会很大，此时，主力向上拉升的意图非常明显，短线有被浅套的可能，但最终能有所收益。与上述情况相反，如果在个股被炒高之后，盘中常见巨大抛单，卖盘总有成百上千手压单，而买盘无力，此时投资者便要提高警惕了，一般情况下，此时退出可有效地回避风险。

七、从成交量的变化中判断主力出货

一般来说，当主力尚未准备拉抬股价时，股价的表现往往很沉闷，成交量的变化也不大，此时不能断定主力的意图。然而，如果主力放量拉升股价，其行踪就会暴露，此时研究成交量的变化就具有非常重要的现实意义。

主力出货的手法一般有四种：一是高位放量滞涨出货，二是拉高逐波下跌出货，三是高位放量跳水出货，四是边拉边出。在实际操作中，对于这四种出货手法，主力往往是交替使用，具体使用哪一种要根据大盘和个股的情况以及主力自己的一些需要而定，这里所提到的四种手法仅供大家参考，并不能全面地描述主力出货的所有细节。

（一）高位放量滞涨出货

高位放量滞涨指股价经过长期炒作后，已经达到一定的高位，然后在一段较短时期内出现成交量不断放大而价格却停滞不前的状态（当然也可能创出了历史新高，但涨幅不大）。此时主力出货的概率非常大，投资者应该高度重视，此种情况大多出现在股价大幅除权后。

（二）拉高逐波下跌出货

拉高逐波下跌是主力出货时最常用的一种手段，其具体表现为在较短的时间内把股价迅速拉高，然后缓慢逐波一路下跌，一般下跌的时间较长，大多在半年以上。像这样的股票尽管拉起来的时候非常鼓舞人心，下跌的时候也是绵绵无绝期，中间的反弹往往是昙花一现，一旦高位套牢，几乎没有解套的机会，很多投资者恐怕都经历过这种长期阴跌的痛苦。

如图 4-3 所示的江化微，该股迅速拉升，最高价达到了 34.16 元，成交量也随之放大，随后出现了阴跌的走势。

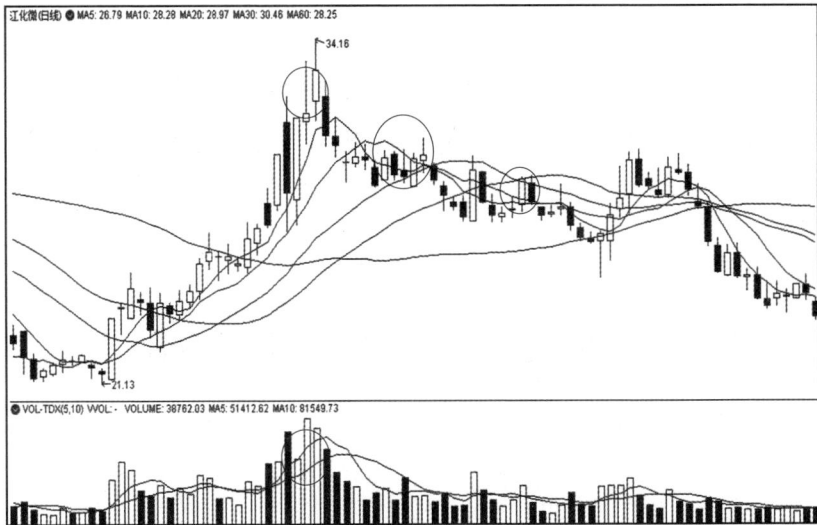

图4-3　拉高逐波下跌

（三）高位放量跳水出货

在股市行情中，高位放量跳水的股票一般在跳水之前都经过了较长时期的上涨，股价累计涨幅也很大。高位放量跳水是我们在实际操作中经常见到的一种走势，也是某些主力急于出货的表现。这种走势蒙蔽了不少炒短线的投资者，使诸多抢反弹的投资者元气大伤、一蹶不振。

高位放量跳水的原因，除了主力急于兑现的因素外（这个作为散户很难了解内情），很可能是公司的基本面发生了较大的变化，所以，作为长期投资者，一定要对公司的运营状况加以了解。

在股市行情中，一旦主力大规模出货，就说明背后肯定存在着鲜为人知的利空消息，散户要做的是及早离场，绝对不能冒险抢反弹。同时由于这种出货手段造成了市场对该股的买入和持有信心降低，以后该股要改善自身的市场形象还需要一个漫长的过程，而且当时形成的密集套牢盘也需要很长时间才会被市场逐渐消化，所以对于这种股票，即使股价已跌得很深，也暂时不要考虑跟进，最好是等低位有主力进驻后再介入。

（四）边拉边出

在主力出货的手法里，边拉边出法是最隐蔽、最高明的一种。边拉边出在形态上表现为这只股票很少出现高位放量的情况，而仅仅是在某一波上涨的初期出现过放量的情况，后来便都是无量拉升或无量盘整，整个上升形态始终保持得很好。

八、量变决定洗盘的幅度与时间

如果股价在某一价位区间内反复整理，一旦成交量减少之后，供求关系就会趋于平衡状态，对于吸货阶段的股票来说，此处已很难拿到更多筹码，这时主力机构一般会抬升股票价格，拉高吸纳，但此时，盘中会出现散户获利盘，为清洗获利筹码，主力机构会及时洗盘。

当拉高股价时就会很容易判断市场抛压的轻重以及投资者持筹心态如何，从盘面看，拉高股价时的成交量与股价升幅是判断主力洗盘时间长短与幅度大小的重要依据。对于吸货阶段的股票，拉升时主力一般不会轻易对倒，而是对上档抛压逐一消化，此时成交量的大小是主力判断市场筹码多少的重要依据，也是我们判断主力后市何去何从的重要线索，下面我们结合一个案例具体讲解。

如图4-4所示，永和股份（605020）于2021年7月上市，连续拉出了15个涨停板，之后出现了回落整理，经过一周左右的时间的震荡，成交量明显减少，说明此处供求关系趋于平衡，抛压比较恒定，主力想再次收集筹码，就要采用拉高的手段。8月9日，主力开始拉升股价，此时成交量明显放大，显示市场浮筹较多，该股又在高位震荡了几个交易日后，成交量出现缩减，表明投资者信心不足，从盘面量价配合关系看，该股很有可能再次回落，因为主力已经了解到投资者目前并不看好该股，想要吸货可以在更低的位置拿到筹码。

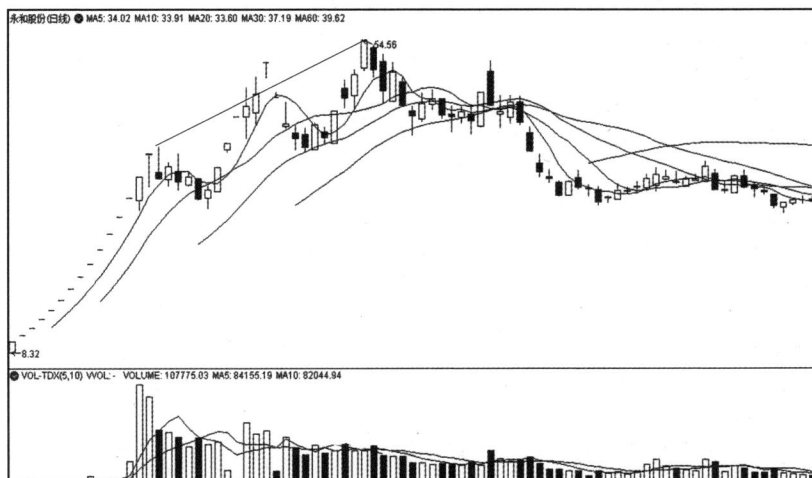

图4-4　永和股份日K线图

从图4-4中可以看出，该股在高位盘整了一段时间后开始回落，之后又反复震荡盘升，主力继续吸货。8月30日，股价创新高54.56元后成交量已明显减少，尤其在回调时成交量更小，出现了量价背离，表明该股筹码已开始集中，主力再想吸货只有震荡上行，回落则不会有很多抛盘，反而会损失主力打压时的筹码。

通过对该股走势的分析，我们可以发现成交量是主力及投资者最关注的技术指标之一，主力因有切身体会，对抛盘、买盘都有较准确的把握，并据此制定未来的操作策略。我们虽不能每时每刻紧盯盘口供求关系的变化，但从盘面价涨价跌与量增量减就可以推测出主力未来的操作手段，如果能仔细分析，对个股的趋势就会有更准确的把握。通过主力机构洗盘过程中的成交量，我们还可以准确判断今后股价可能回落的幅度，同样我们也可以大致估计出洗盘的时间，或者说估计洗盘与正式拉升之间的时间。

如图 4-5 所示，先达股份（603086）经过了一波拉升后出现了盘整，在10 元附近的箱体内震荡了接近两个月时间，从其量的变化看，主力明显在吸货，与一般的主力手法相同，这是一个筹码已相对集中的重要标志。另外一个重要特征就是股价连续上涨时量在减少，持续下跌时量也在缩减，可以说该股盘口已经很轻。此时我们可以判断，该股的建仓工作已基本结束，洗盘充分，一旦股价上扬，很有可能就会步入快速拉升阶段。

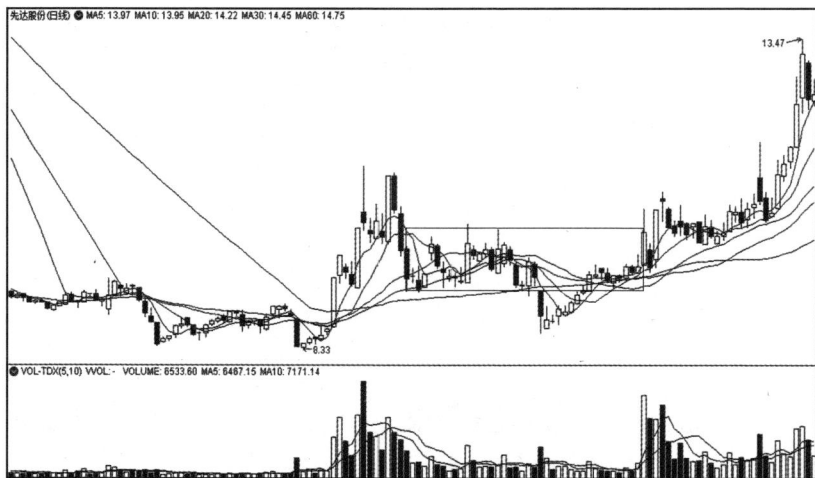

图4-5　先达股份日K线图

从量的方面判断主力动向时，股价上涨与回调的幅度和洗盘时间的长短是一个很好的着眼点，但量大、量小却不是一个确定的概念，要想更准确地判断股价未来的趋势，不但要综合分析个股的基本面情况（包括流通盘、股东持股量等），还要结合盘口的变化情况、主力的习惯手法等综合研判，再根据量价之间的变化得出较准确的判断结果。

九、通过成交量研判主力的运作过程

（一）主力操盘的条件

主力要想在某只股票中操盘，就要把握以下两个要点：

（1）主力要下场直接参与竞局，也只有这样做才能保证盈利。

（2）主力要想办法控制住局面的发展变化，让自己操盘稳操胜券。

因此，主力操盘通常要把仓位资金分成两部分：一部分资金用来建仓，这部分资金的作用是直接参与竞局；另一部分资金用于控制股价。股市中必须用一部分资金控盘，而且用于控盘的这部分资金一般风险很大，这部分资金通常获利很低甚至可能会亏损，主力赚钱主要还是靠建仓资金。

主力如果要控盘是需要成本的，所以，操盘要进行必要的成本核算，这就要对控盘所投入的成本和建仓资金的获利情况进行比较。一般来说，因为控盘虽然没有超越于市场之外的手段无成本地控制局面，但是，股市中通常存在一些规律可以为主力所利用。

控盘的依据是股价的运行具有非线性，快速集中大量的买卖可以使股价迅速涨跌，而缓慢的买卖即使量已经很大，对股价的影响也仍然是很小的。只要市场的这种规律保持不变，主力就可以利用这一点来获利。股价之所以会有这种运动规律，是因为市场上存在大量对行情缺乏分析判断能力的盲目操作的中小投资者，他们是操盘成功的基础。随着股民总体素质的提高，操盘的难度自然会越来越高，但操盘要盈利是必然的。这其中的原因在于，操盘掌握着更大的主动权，市场大众在信息上永远处于劣势，所以在对行情的分析判断上总是处于被动地位，这是导致其表现被动的客观原因。只要这个因素存在，主力就可以利用其来获利。

（二）主力操盘如何掌控股票价格

主力控制市场股票价格涨跌的方法，通常情况是采用对倒来完成的。对倒主要是利用成交量制造有利于主力的股票价位，进而吸引散户买入或卖出。主力经常在建仓、洗盘、拉高、出货、反弹行情中会运用对倒的手法。

1. 建仓阶段的对倒

主力在建仓时通过对倒的手段打压股票价格，以便能在低价位买到更多便宜的筹码。在个股的K线图上呈现的景象为股价处于低位时，往往以小阴、小阳线沿10日均线连续上升，这意味着主力正处在拉高建仓阶段，然后又呈现出成交量放大而股价连续下跌，股价下跌就是主力利用大手笔对倒造成的。这期间K线图的主要表现特征是：股价基本处于低位横盘（也有拉涨停的）的走势，但成交量明显增大，从盘口情况来看，股价下跌时的每笔成交量明显大于上涨或者横盘时的每笔成交量，这时的每笔成交量会维持在相对较高的水平（这是因为在低位进行对倒时，散户还没来得及大举跟进）。

另外，在低位时，主力也常会采用夹板的操作手法，即上下都有大的买卖单，中间相差几分钱，同时也不断用小买单吃货，其目的就是让中小投资者觉得该股抛压沉重上涨无力，进而抛出手中的股票，达到主力最终吸筹的目的。

2. 震仓洗盘时的对倒

因为跟风盘获利比较多，主力一般会采用大幅度对倒震仓的手法使一些意志不够坚定的投资者迅速出局。从盘口情况来看，在盘中震荡时，高点和低点的成交量出现明显放大的现象，这是主力为了控制股价的涨跌幅度而采用相当大的对倒手法控制股票价格造成的。

3. 拉升阶段的对倒

主力大幅度地拉升股价，利用较大的手笔大量对倒，制造该股票被市场看好的假象，提高股民的期望值，减少日后该股票在高位盘整时的抛盘压力（散户也会跟着抢先出货）。这时的散户投资者往往需要报高价才能成交。从盘口情况来看，小手笔的买单往往不容易成交，每笔成交量有节奏地放大。强势股的买卖盘均在三位数以上，股价的上涨阻力很小，不会有向下掉的感觉，下边的买盘跟进得也非常快，这时每笔成交量会有所减少（因为对倒拉抬股价，不可能像吸筹时再投入更多的资金，再加上散户跟风者比较多，所以，虽然出现量价齐升，但每笔成交量会有所减少）。

4. 出货阶段的对倒

在经过一段拉升之后，股价上涨幅度已很大，此时，主力通常会考虑出货。从盘口情况来看，往往在卖二、卖三上会出现较大手笔的成交，但我们却并没有在卖二、卖三上看到有非常大的卖单。每当成交之后，原来买一或者是买二甚至是买三上的买单，不是消失了就是迅速减少了，这通常是主力运用微妙的时间差报单的方法对一些经验不足的投资者布下的陷阱，散户吃进的往往是主力事先挂好的卖单。

5. 出货之后的反弹行情中的对倒

当主力出货之后，股价将会一路下跌，此刻，不少跟风买进的中小投资者已经被套牢，成交量也呈现出明显的萎缩现象，这时的主力会找机会用较大的手笔连续进行对倒，试图再次拉抬股价，但此时主力不会再像从前那样卖力地拉高股价了，这个时候呈现的情景往往是较大的买卖盘会突然出现，不久之后又会突然消失，因为主力此时对倒拉抬的目的只是适度地拉高股价，以便能够把手中剩余的部分筹码也卖出高价。

本章操作提示

在实战操作中，投资者会发现根据量价关系买卖股票时常常会出现失误，尤其是在根据成交量判断主力方向时，失误率更高，不是错把洗盘当出货，过早卖出，就是误将出货当洗盘，该出而不出，结果痛失出货良机。所以，根据成交量的变化，正确判断主力的进出方向尤为重要，也是投资者能否盈利的关键。

第五章

从成交量异动中寻找盈利机会

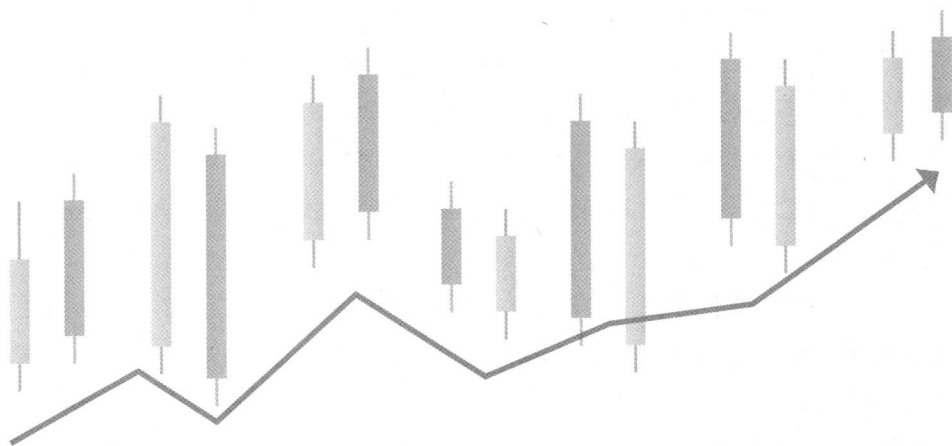

一、成交量是一种选股指标

美国投资专家葛南维曾说过："成交量是股市的原动力，股价只不过是它的表征而已。"由此可见，分析成交量是散户捕捉主力行踪、看破主力意图的最佳方法。当股价从高位向下回落时，成交量也逐步递减，随后股价触底盘稳、不再下跌，成交量也萎缩至极限，直到成交量逐步递增时，股价才有上攻的力量。当成交量开始递增时，代表供求状态已经发生改变。在此过程中，成交量的变化如同圆弧形一般。底部区域成交量的萎缩表示做空力量衰竭，量缩是一种反转信号，因为只有量缩才有止跌的可能。当成交量的圆弧底出现之后，成交量放大越明显，股价的涨升能力就越强。投资者在实际操作中，可以根据成交量的变化，运用以下方法选股。

（1）在实际操作中，任何进出都要以大盘为观察重点，当大盘不好的时候，不要一味地想做多赚钱，更不要迷恋那些逆势上涨的股票。

（2）除了突发性的大利空造成的连续性无量下跌之外，在多数情况下，当量缩后价不再跌，一旦成交量逐步放大，投资者即可介入。

（3）当成交量探底完成后出现温和放大，股价以收中小阳线居多，此为多头展开反攻之时，应视为最佳介入时机，此时，投资者投入的筹码多一些也无妨。

（4）当成交量萎缩后，表现出"价稳量缩"的时间越长，则日后上涨的力道越强，反弹的幅度也越大；如果新低点连续两天没有出现，便可确认是初步介入的好机会。

（5）如果在下跌过程中，成交量持续萎缩，一旦有一天出现地量，且股价的跌势趋缓，则往往是分批介入的好时机。

（6）当量见底后（不再创新低），如果忽然爆出巨量，则投资者需要特别小心近日的行情，在大多数情况下，量的暴增都不是什么好现象，除非第二天量缩价涨，否则将只是反弹而已。如反弹过程中量又大增，则表示浮筹仍很多，将影响价格上涨的力度。

（7）股价的筑底时间越长，量缩得越小，则反弹幅度越大。如果周 K 线已表现出筑底，则中长线就不存在被套牢的可能。在大盘的底部确定之后，我们再来考虑选股，这与运用成交量进行分析的道理是完全一样的。

（8）股价的涨跌，量是最主要的影响因素，只要量一回稳（急缩），股价出现止跌，此时介入的安全性比较好。价量回稳后，最佳介入点是出现第一根量能温和放大的大阳线之时（成交量如果放得过快，很可能影响日后推动股价的动能，所以以温和放量为佳）。

二、从成交量中发现大盘的顶部和底部

（一）从成交量中发现大盘的顶部

不管股价是涨还是跌，一旦大盘顶部即将形成，成交量就会表现出以下三个特征。

1.巨量之后形成顶部

当大盘放出异乎寻常的巨大成交量时，就是大盘即将见顶的重要特征。其中，如果小盘股的换手率达到 30% 以上，大盘股的换手率达到 15% 以上，同时股价已有一定涨幅的，则在放出巨量的当天，就要迅速卖出该股，无论其走势如何。

有时个股的成交量、换手率虽然没有达到上述标准，但是成交量仍是最近一轮行情以来的最大成交量，也要将其视为天量水平。比如，有的个股在一轮行情中，换手率从未超过 5%，当股价涨升到一定高度后，突然连续出现超过 5% 的换手率时，投资者也要加以警惕，从技术分析上来看，量与价之间有必然的联系，"天量之后见天价"的规律已经屡次被市场所验证。

2. 量比急剧放大形成顶部

部分个股经过大幅拉升后，突然出现量比急剧放大的现象，这也是一个重要的头部特征。放巨量时的换手率并不是很高，但是量比有时却能达数十倍之多。恰恰是因为换手率不高，所以容易使投资者放松警惕，从而错失逃顶的机会。

3. 无量形成顶部

顶部不放量的情况多出现在股价涨幅非常惊人，主力获利也极为丰厚的时候。如果主力将某只个股从5元拉升到25元，并在5元附近建立了25%的仓位，那么，主力只需要在25元的高位出掉5%，就可以很轻松地收回全部成本，其余筹码主力在任何价位抛出都是获利的。也就相当于主力在高位徘徊的一段时间内，每天只要保持和平时一样的成交量，当累计清空5%的流通股时就已经完成出货了，这对主力来说是非常容易做到的。

当然，以上计算方法只不过是一种简单的算法，实际上主力的成本结构是相当复杂的。不过，由此我们可以看出，涨幅过于巨大的个股中所隐藏的风险性也很大，令人难以预测主力的真实意图，这类个股主力即使不放量也能顺利出货。

主力在高位放量出货时容易引起一些有经验的投资者的警觉，而且散户船小好掉头，往往能跑得比主力快。主力为了避免出现这种被动局面，有时候会采用边拉边出这种隐蔽的出货手法，在股价拉升的过程中就完成了大部分的出货任务。这样一来，在股价形成顶部的时候，根本就不会有放量的迹象。这是主力不放量的一种出货方式。

所以，投资者要放弃"只要个股不放量，主力就一定没出货"的错误观点，因为，当主力获利极为丰厚时，或在某种特定条件下，即使个股不放量，主力也一样能做到出货不留痕迹，股价同样会形成顶部。

（二）通过技术分析方法发现顶部信号

通常，通过一些技术分析方法能发现以下一些顶部信号。

（1）当K线图在高位出现M头、头肩顶、圆弧顶和倒V字等形态时，都是非常明显的顶部信号。

（2）当股价经过数浪上升，涨幅已大时，如5日均线从上向下穿过10日均线形成死叉时，便预示头部已经形成。

（3）在K线图上，如果在高位出现穿头破脚、乌云盖顶、高位十字等K线组合，则为股价见顶的信号。

（4）周KDJ指标在80以上且形成死叉时，通常是见中期顶部和大顶的信号。

（5）10周RSI指标如能运行到80以上，意味着股指和股价进入极度超买状态，头部马上就要出现。

（6）当宝塔线经过数浪上涨，在高位两平头、三平头或四平头翻绿时，为见顶信号。

（7）MACD指标在高位形成死叉或M头时，如果红色柱状线不能继续放大，反而逐渐缩短，则表明头部已经形成。

（8）RSI值在80以上，而且出现顶背离时为见顶信号（背离是指当股票或指数在下跌或上涨过程中，不断创出新低或新高，然而，一些技术指标却不跟随创出新低或新高的现象）。

（三）从成交量中发现大盘的底部

大盘底部呈现不同的底部形态，成交量就会表现出不同的特征，我们可以通过成交量的不同表现特征来探寻大盘底部。一般来说，股市中最常见的底部形态有六种，即圆弧底、V形底、W底、潜伏底、头肩底和三重底。

1. 圆弧底

圆弧底是一种盘整形态，一般出现在价格底部区域，是极弱势行情的象征。股价经过初期的暴跌之后，先是不断创新低，然后缓慢地回升，这样把股价的低点连接起来，就形成了圆弧底，成交量也会呈一个圆弧底。

股价大跌后，卖方的压力不断减轻，于是成交量持续下降，但买入的力量仍畏缩不前，这时候股价虽是下跌，然而幅度缓慢且小，其趋势曲线渐渐接近水平。在底部时买卖力量达到均衡状态，因此仅有极小的成交量，然后需求开始增加，价格随之上升，最后买方完全控制市场，价格大幅上扬，出现突破性的上升局面。成交量方面，初时缓慢地减少到一个水平，然后又增加，形成一个圆弧底（见图5-1）。

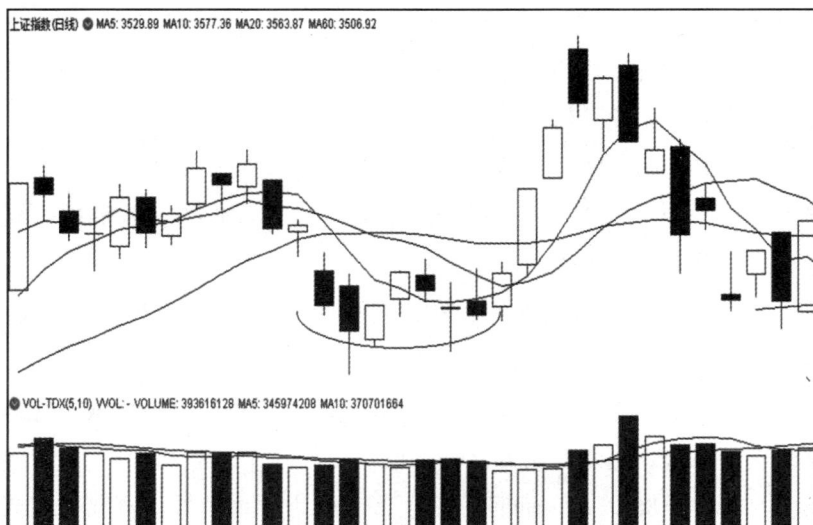

图5-1 圆弧底

2. V形底

V形底的走势是个转向形态，表示过去的趋势已逆转过来。V形走势在转势点必须有明显成交量配合，同样，股价在突破V形的徘徊区顶部时，也必须有成交量增加的配合（见图5-2）。

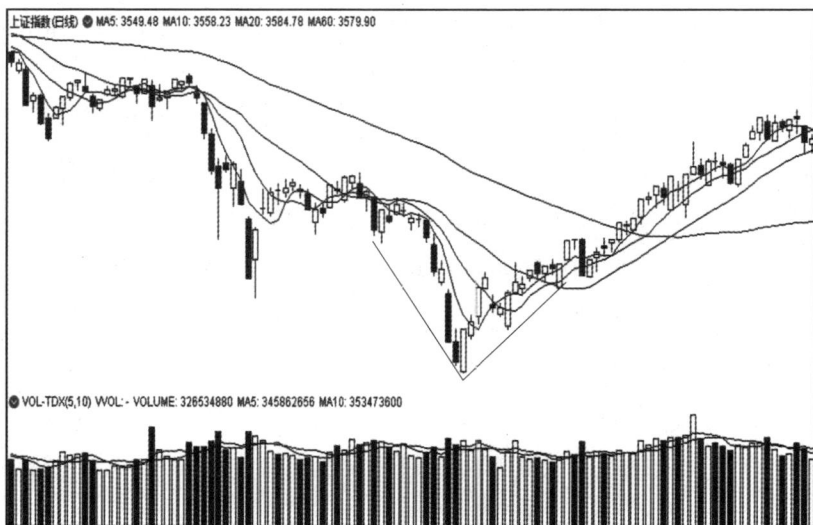

图5-2 V形底

3. W底

W底是一种较为可靠的反转形态，股价持续下跌到某一水平后出现技术性反弹，但回升幅度不大，时间也不长，股价便再次下跌，当跌至上次低点时获得支撑，股价再一次回升，这次回升时成交量要大于前次反弹时的成交量，股价在这段时间的移动轨迹就像字母"W"，这就是双重底，又称W走势（见图5-3）。

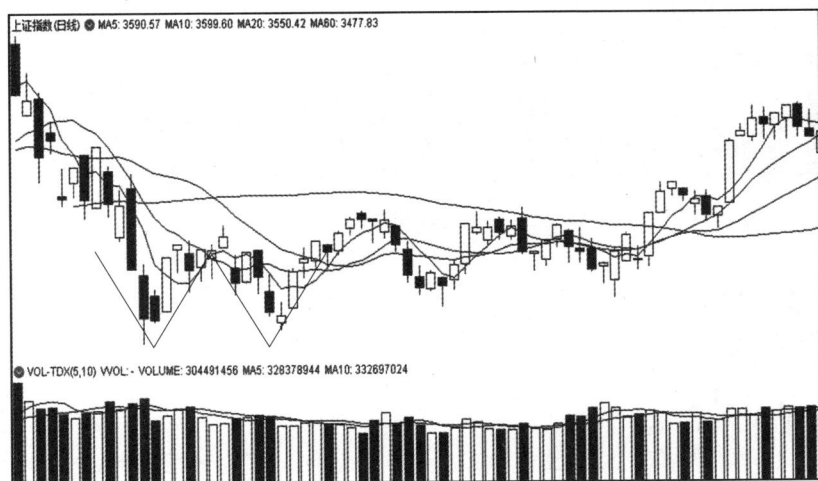

图5-3　W底

4. 潜伏底

潜伏底表现为股价在一个极狭窄的范围内横向移动或缓慢阴跌，每天的股价波动幅度不大，且成交量也十分清淡，好像冬眠时潜伏在底部的蛇。潜伏底的持续时间一般较长，但其突破后产生的成交量激增和股价的暴涨也是非常惊人的。所以说，潜伏底"横有多长，竖就有多高"（见图5-4）。

5. 头肩底

头肩底是指股价走势呈现出三个明显的低谷，其中位于中间的一个低谷比其他两个低谷的低位更低。头肩底在有成交量配合的基础上，股价成功突破颈线，就是该形态的最佳买点。对头肩底的研判重点是成交量和颈线，成交量要处于温和放大的态势，右肩的成交量要明显大于左肩的成交量（见图5-5）。

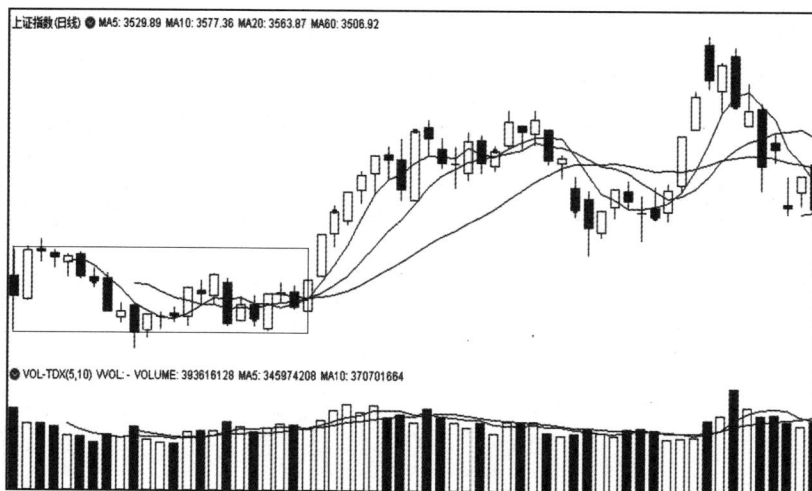

图5-4 潜伏底

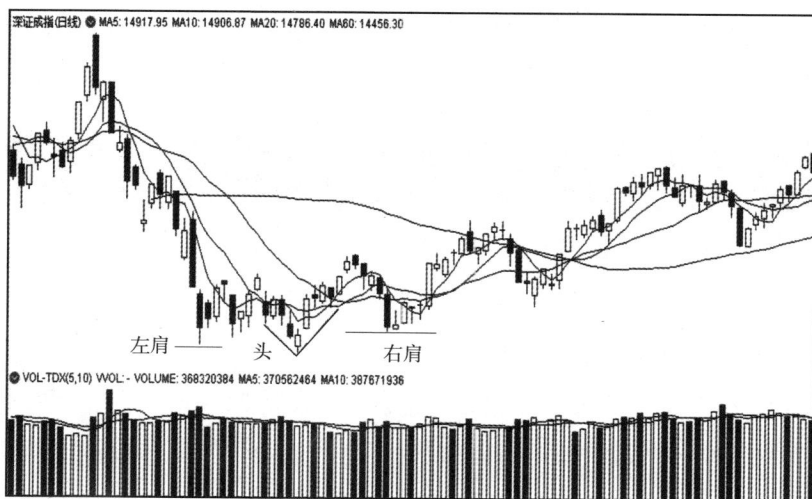

图5-5 头肩底

6.三重底

三重底相对于W底和头肩底而言是比较少见的，却又是比后两者更加坚实的底部形态，三重底不但是头肩底的变异形态，也是W底的复合形态，而且其形态形成后的上攻力度也很强。三重底形态的成立，必须等待股价有效向上突破颈线位时才能最终确认。股价突破三重底的颈线位后的理论涨幅将大于或等于低点到颈线位的距离，因此，投资者即使在其形态确定后跟进，也会有不错的获利空间。三重底在第三个底部上升时，成交量大增，即显示出股价具有突破颈线的趋势（见图5-6）。

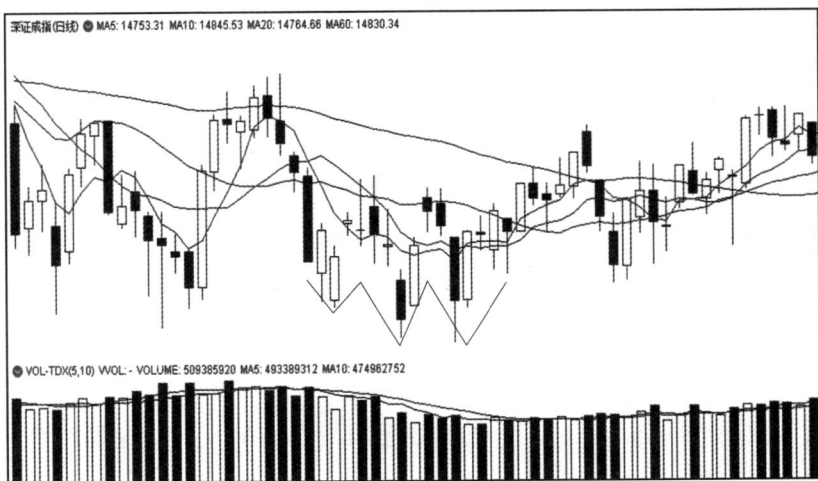

图5-6　三重底

（四）如何确认底部形态

在实际运用底部形态进行操作的过程中，决定成败的关键因素是如何辨别底部形态的可信程度。下面介绍几种确认底部形态的技巧。

（1）由于小盘股很容易被主力控盘，因此，大盘股的底部形态相对而言比小盘股的底部形态更加可靠，指数的底部形态也往往比个股的底部形态可信度更高。

（2）在底部形态的构筑过程中，一些不规则的形态往往比较可信，因为它是一种自然形成的状态；相反，如果底部形态构筑得过于完美，反而有可能是主力刻意所为，投资者对此必须提高警惕性。

（3）底部形态构筑成功后，在右侧的上涨过程中，如果伴随着成交量的温和放大，则相对较为可信；而如果是无量配合的持续上涨，则往往预示着主力已经控盘，这种底部形态是否准确，还需要结合其他分析方法进一步确认。

（4）底部形态按照形成时间的长短来划分，可分为用几个月时间形成的长期底部形态、用几周时间形成的中期底部形态、用几天时间形成的短期底部形态和在当天的分时图上形成的盘中底部形态。因为主力成本的时间限制，主力无法在长期走势中做图骗线，所以，越是形成时间长的底部形态，其可信度越高。

（五）确认底部形态的几大法则

1. 要准确把握底部的成交量

不要认为价跌量缩就是底部，因为量缩了还可以再缩。所以应等待大盘指数走稳后，6日均量连续三日迅速增加才能确认。

2. 要准确把握底部停留时间

俗话说"天价三天地价百日"，一般来说底部有几种形态，W底和圆弧底是较为常见的底部形态，而V形底的底部十分尖锐，形成这种转势点的时间通常很短，在实战中不太好把握。

3. 要准确把握确认底部的标准

一般而言，确认底部的标准要从三个方面考虑，底部的出现在技术方面必须符合三大条件。

（1）确认底部标准要从以下三个方面考虑：

①基本面。我国股市有一通例，即当政治及经济消息未明朗前常易跌难涨，如年底收紧银根之类的银行利率下调、新股上市之前等消息都可能使股市价格再创新低，反之易涨难跌。

②技术面。技术指标已严重超跌，走势上也出现有利于多方的形态。

③其他因素。由于资金短缺，加之年关已近，大量机构准备收回资金，只逢高出货，不进场拉高，使得整个市场看淡，"底部"需要一个长期的建立过程。

（2）确认底部标准要满足技术方面的三大条件，即：

①各种技术指标必须向上突破下降趋势线，由于各阶段的下降趋势线有所不同，因此一般以跌破25日均线为准。

②KDJ、RSI周线已呈多头排列时，6日均量连续3日增长。

③从形态上看，以前的最低点都可作为参考点。如果在一年内股价有几次都是在同一最低位置反弹上升的，那么该位置即可认为是一处中期的底部。

三、通过上敲盘与下压盘分析大盘趋势

主力机构为了制造无中生有的成交量以及利用成交量制造有利于自己的股票价位，常常利用上敲盘及下压盘的手段来达到目的。上敲盘指的是有大量的委卖盘挂单，下压盘指的是有大量的委买盘挂单。股票盘中的上敲盘及下压盘对分析大盘趋势的作用主要体现在以下三个方面。

1. 可以判断主力是进货或出货

在日 K 线图里，投资者可以将过去一周内上敲盘总成交量超过下压盘总成交量最多的 50 只股票以表格的形式列出来，通过这个名单或许可以让投资者熟悉究竟哪些股票正在出货或进货。但投资者需要小心，如果发现有一家投资机构正在积极买进某种股票，并不意味着这种股票一定会上涨，因为投资机构和普通投资者一样，也常会买错股票。

2. 能捕捉到股价的动向

分析上敲盘与下压盘可以帮助投资者捕捉到股价的动向。投资者可以将一段时间内盘中的上敲盘的总成交量与下压盘的总成交量相互比较，从而发现后市的股价动向。

3. 能准确判断趋势方向

利用上敲盘与下压盘分析大盘趋势时，投资者要非常小心，不要看见有大单卖出，就认为行情就要结束。如果是原来挂在高位的大单被买盘吃掉，反而可以使日后的回升得心应手。

四、从高换手率中寻找热门股

（一）热门股的显著特征

热门股就是指那些交易量相当大，换手率非常高，股价涨跌幅度也比较大的股票。热门股往往领导着趋势，代表的是市场大势。由于热门股的走势往往超过大盘的走势，所以，找到热门股是获取收益的关键所在。如何捕捉热门股是投资者非常关注的话题，一般情况下，热门股有以下几大特征，可以为投资者寻找热门股提供重要的依据。

（1）热门股有阶段性时限。受政治、经济、社会等因素影响而诱发的热门股，受事件发展的影响，往往热度有限。

（2）热门股与企业实际经营状况密切相关，尤其是否存在持续性的经济增长点及新的经济增长点。

（3）热门股受预期盈利和实际盈利的影响而出现股价波动。在预期利润高时上升较强，而一旦实际盈利与预期产生差距，那么股价就会下跌。

（二）热门股的选择方法

当前的股票种类繁多，股性千差万别，追逐热门股的投资者非常多，也很容易掀起波澜。投资者在选股时应该有所取舍，重点从近期的热门股中挑选。

换手率是判断一只股票是否为热门股的有效指标。换手率越高，说明有大量的资金进出该股，流通性越好。投资者可将近期换手率连续超过8%的个股列入股票池中。这样做不但大大节省了投资者的时间和精力，而且也大大缩小了选股的范围，然后再从高换手率的个股中挑选出最佳的品种。在实际操作中，投资者可以利用以下几个常用的方法挑选热门股。

（1）必须清楚地知道，换手率能否维持较长的时间。如果在较长的一段时间之内可以保持较高的换手率，则说明资金进出量比较大，热度自然很高，这是挑选热门股的标准之一。那些只有一两天成交量突然放大的个股，则不能作为备选对象。

（2）从走势形态、均线系统来判断某只股票是否为热门股。如果换手率高，有可能表示有资金流入，但同时也有可能是资金在流出。比如，当出现较高的换手率时，均线系统保持空头排列、重心下移，就说明资金正在流出，后市走向会以下跌为主。

（3）从价量关系上来判断某只股票是否为热门股。一些热门股在上涨的过程中，始终保持着较高的换手率，如果这时继续去追涨则风险较大。因此，投资者可以重点去关注一些近期一直保持较高的换手率、股价涨幅比较有限的个股，然后根据"量比价先行"的规律择机介入。如果个股的短期换手率很高，则说明其短期上行能量很足。如果是量比价提前，则可视为买入信号。

（4）在寻找热门股时，要关注热门股中那些公司经营良好又有发展前景的龙头股、潜力股，它们适合长期投资。

（5）在寻找热门股时，要明白热门股不可能永远"热"下去，"冷"与"热"在股市中是经常转换的，也是相对而言的，不可能永恒不变。所以，如果抓住了热门股而不注意关注市场的变化，结果往往会适得其反。

（6）在寻找热门股时，要有先见之明，并且要时刻关注市场效应，注意市场的瞬间变化，提高应变能力。

五、利用成交量辨别牛股

牛股是短线投资者的最爱。牛股是指持续涨停的个股，从成交量上可以很容易地分辨出哪些是牛股，主要表现在以下两个方面。

1. 成交量上的表现

牛股的成交量一般表现为：在收出一根放量大阳线后涨停，然后是连续的放量，从形态上看是堆量的过程，股价持续大幅拉升，这是由于一个主力进入，第二天出局，然后新的主力介入，第三天也是如此。它是一个不断换手的过程，从量能上看就像是一场非常红火的接力赛。

2. 走势上的表现

牛股的走势表现在成交量上一般会是：放量——放量——缩量，前面持续放量的过程就是接力跑的过程，而最后的缩量则是锁仓造成的上涨，因为是锁仓，所以失去了接力的活力，一般来说，这个时刻就是到顶的时候，如果是缩量涨停，可能第二天就是头部。

六、从每笔成交数中寻找潜力股

（一）潜力股概念及其特征

潜力股一般是指在未来一段时期内存在巨大上涨潜力的股票或具有潜在投资价值的股票。一些股票由于具有某种隐蔽的或为大众所忽视的利多因素而存在推动股价上升的潜在力量。发现这些利多因素并能耐心持有该股，是投资潜力股必备的心理素质。潜力股常常需要很长一段时间的持股期或追踪期，而潜力股一旦爆发，就应及时获利了结。通常，潜力股具有以下四个特征。

1. 启动价位低

具有巨大潜力的个股，其启动价位往往很低，通常在 3 ～ 8 元。启动价位低通常是由两个方面的原因导致的：一是个股盘子相对比较大、缺乏炒作题材、股性不活跃，因而不受大多数投资者欢迎，市场反应冷淡，导致股价偏低；二是当主力选中该股后，为了能在低位建仓，常常故意打压股价，造成个股超跌的假象，因此股价明显偏低。

2. 业绩改善非常明显

潜力股相对于业绩一直非常好的绩优股来说，其原来业绩不是很理想，甚至说业绩表现得非常差，但经过重组或开发新品种、转换经营方向等过程，上市公司的业绩大幅改善，因而股价也具有更大的上升空间。

3. 有大量资金入驻其中

那些不理会大盘涨跌，而且能够始终保持强者恒强走势的个股，一般是因为具备雄厚实力的市场主流资金入驻其中，而且主流资金是属于进入时间不长的新主力。从股价走势上可以看出这些个股在启动前都曾经经历过一段时间的潜伏期，期间成交量有明显增大的迹象，筹码分布逐渐趋于集中。当主流资金得以充分建仓后，一旦时机成熟，股价往往能够直线上冲，涨势非常惊人。

4. 具有丰富的潜在题材

股价涨幅很大的个股，是因为有实质性的潜在题材在做动力，比如，资产重组、外资参控股、并购、高比例送转等。但是，我们国家的股市历来有见利好出货的习惯，因此，投资者如果发现个股涨幅巨大，而原有的潜在题材也逐渐明朗化，转变为现实题材，就要注意提防主力借利好出货。

（二）从每笔成交数中发现潜力股

现如今的股市，由于散户投资者受个人资金实力的限制，很难有单笔数千股甚至数万、数十万股以上的成交量；而大资金运作一只股票，不可能总是几百股的成交量，其每笔成交股数必然较大。如果发现一只股票在数个交易日的平均每笔成交数均呈现较大值，则表明这只股票有较大资金在背后运作。

平均每笔成交数的计算公式如下：

$$平均每笔成交数＝成交总股数÷成交总手数$$

利用股票的平均每笔成交数寻找潜力股，就能够洞察成交量背后的主力真面目。

主力在建仓时，连续大手笔地吃进某只股票，平均每笔成交数会不断呈现较大值。一般来说，如果某只股票当日换手率较高，而且平均每笔成交量也很大时，那么该数值的参考性往往较高，这说明主力资金实力非常雄厚。但对于放量滞涨、大抛单不断出现的股票就要格外小心。

同样，对于流通盘较大的股票，其主力的资金实力也必然较大。对于不同价位、不同流通盘的股票，平均每笔成交数要区别对待。比如，20 元的股票平均每笔成交是 1000 股，与 40 元的股票平均每笔成交是 500 股反映出的资金实力是相同的。

对于寻找潜力股，利用平均每笔成交数的效果是比较理想的。

七、从成交量中选择黑马股和强势股

成交量是我们经常用来分析股票的重要指标之一，成交量是相对较为客观的，也是用来辨别一些黑马股和强势股的一个重要参考因素。下面我们就来分析一下如何利用成交量来发现黑马股和强势股。

（一）利用成交量寻找黑马股

虽然主力的各式骗招都是极为高明的，但他们在实际操作中，同样也存在着许多技术盲区，而这个盲区就是成交量。成交量是主力最不易做假的地方，堪称主力的软肋和死穴。也就是说，当某只股票在成交量上出现异动情况，就很有可能是主力正在部署操作策略。盘口异动同样存在重要和次要之分，主力的死穴——"量"和股票运行的最基本体现——"价"这两者之间所反映出来的异常迹象，在所有盘口异动类别中最具实战价值。

通常，个股的运行趋势都是要经历"盘旋—活跃—上升—盘旋"的循环过程，作为股价运行的第二阶段，即通常所说的股性被激活阶段，就是成交量活跃的过程。当一只个股处于底部蛰伏期时，其市场表现并不活跃，该阶段的成交量低迷。股价的上升必然导致获利盘与解套盘的增多，使多空分歧加大，相应地，股价的进一步上升需要有更多能量的支持，而活跃的成交量正是对该现象的客观反映。多空双方对股价的认可程度分歧越大，呈现出的成交量也就越大。

成交量逐渐放大的股票，表明该股的拉升很可能将要展开，这些股票往往可能成为黑马股。

（二）黑马股诞生前的特征

黑马股诞生前，一般会在时空、能量、价格上表现出以下特征。

（1）个股近半年来的波动幅度在30%以内，或大盘波动幅度在70%以内，波幅越小，将来突破的力度越大。

（2）个股近一年内的涨幅在60%以内。

（3）股价突破前的箱体盘整中，有周K线的有效配合。突破时，股价距离箱体顶部较近。

（4）成交量的配合有助于提高股价突破的准确性和力度。对一段时间的成交量用累计换手率计算，有利于掌握入市的时机。如果一周的换手率在50%以上，且股价出现向上突破，表明买入时机已成熟。

下面就这类短线黑马股的选股技巧举例说明。

图5-7为朗特智能 (300916) 的日K线走势图。图中买点具有以下技术特征：股价收出了一根带长上影线的星形线，上影线的长度超过了5%，指明了股价未来将要运行的方向。成交量与前几个交易日相比仍然在慢慢放大，此时股价处于上涨初期，后市必然还有一段上涨空间。

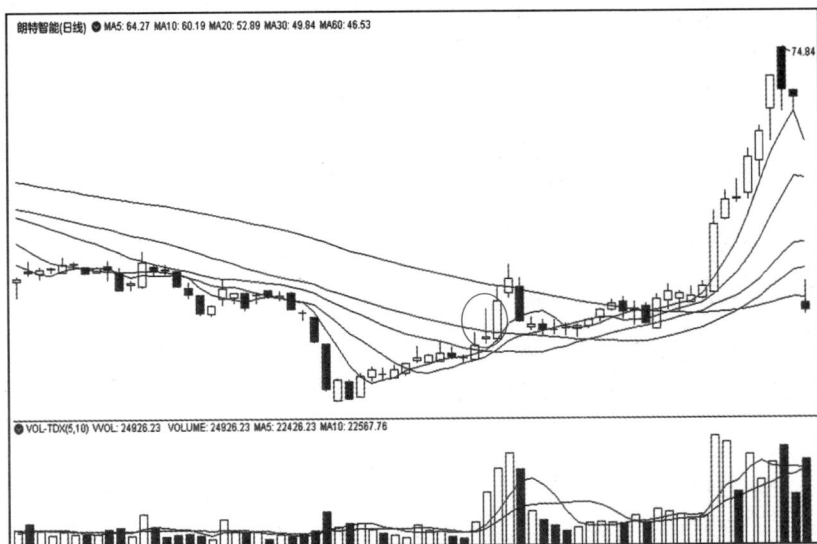

图5-7　朗特智能日K线走势图

从图 5-7 中可以看出，股价出现高开，说明其"黑马"的特征。次日的股价虽然是低开，但瞬间探底后便展开快速上攻，在分时走势中股价冲过昨日上影线一半的位置时便可适量买入，超过昨日上影线的高点时则应加码买入。买入后股价当日以涨停报收，次日股价盘中的涨幅超过了 9%，只用两天时间短线就获得了超过 10% 的收益。

（三）利用量比排查法捕捉黑马股

盘面中出现的异常动静或是异常动作，我们称为"异动"。一只股票只要出现了盘中异动，那么我们就可以判定主力还在其中。无论主力蛰伏在里面想干什么，只要主力还没撤，短线就一定有盈利的机会。

单日盘口中的成交量异动造成的只是瞬间的震撼感，在发生之际会引起很多投资者的高度关注，但是等到一切都归于平静之后，往往就会淡忘。所以，利用某个专业指标系统地、阶段性地观测较长一段时期内的量价异动就显得尤为必要了，这个指标就是"量比"。至于该方法不适用于行情的上涨阶段或构筑头部阶段，其内在道理暂不赘述。仅从最简单的角度来看，当大盘处于一波行情的主升浪时，过分苛求投资者的临战技巧意义并不大，因为所有的股票都在涨，只存在涨多和涨少、赚多和赚少的区别，在人人都能号称股神、条条大路都通罗马的时候，高超技法和低劣技法的界限并不是十分明显。在构筑头部的阶段就更无须多言了，此时，作为投资者更应该多想想怎样全身而退，因为在"山顶上"是不会有黑马出现的。

量比排查法是运用多个股票的量比来进行排查选股的一种方法。

运用量比排查法的步骤如下：

（1）在每天收盘后的量比排行榜中，选出排名前 10 的股票并记录下来。连续记录 10 个交易日后将数据进行汇总，初步选出至少有 7 个交易日均能进榜的目标股。

（2）分别打开目标股的月 K 线图，将月 KDJ 指标中的 J 值探底呈负值且近期至少已经是两次探底的目标股留下。

（3）打开目标股的周 K 线图，将周 KDJ 的 J 值在 20 以下形成金叉或即将形成金叉态势的目标股留下。

（4）买下目标股，一旦下跌行情结束后，它很有可能成为黑马股。

量比排查法能很好地在下跌行情以及下跌结束后的盘整行情中发挥作用这一特性，恰恰体现了它的优越性。因为在这个能够将"牛市股神"轻易打回原形、高手低手胜负立判的阶段，正是赚钱最难的盈利真空期，此时如果有一技在身，就算在熊市中也能稳健获利。

大多数股民在看盘时，只看自己持有或准备买进的股票的走势图，而无暇顾及其他股票，该怎样去发现这一大堆股票中的异动情况呢？最简单的方法是，在看你自己手头上股票的同时，轮流把其他股票的分时图翻一翻，看看成交量上是否有明显的异常迹象。看盘就是要看盘中的异动，而绝不是只盯着自己买进的股票。

（四）快速寻找强势股的方法

对于短线操作者来说，重点关注和分析的目标股应该是强势股。强势股并不是当日涨幅较大的个股，部分上午涨势凌厉的个股下午就会出现回落，这样的个股不值得买入。而且，并非所有的强势股都会出现好的买入时机，有些强势股一开盘就出现了涨停，另外还有一些强势股在投资者发现时，已经错过了最佳买入时机，因而真正值得参与且有机会买入的强势股只占所有强势股的少数。所以，我们应该及时发现并适时买入那些同时符合短线选股原则和强势特征的个股。

1.强势股在K线图上的表现特征（阶段性强势股）

（1）近期阳线多于阴线，且阴线实体常常较小。上涨时成交量放大，下跌时成交量萎缩。

（2）均线系统呈现多头排列，股价与均线的乖离率逐渐变大。

（3）MACD出现红柱，且红柱不断放大。若是分两波上扬，MACD常出现"空中加油"的现象。

（4）KDJ指标的K线与D线同时上行或在较高位置出现金叉，且后期常在高位钝化。

（5）在启动前，BOLL指标有长时间的收口现象，启动后股价沿着BOLL

线上轨运行。

（6）各周期产生共振现象。

（7）能连续以大幅的大阳线上攻的个股，在走强后的前几日，盘中常常有震仓洗盘的现象。

2. 强势股在分时走势图上的表现特征（当日强势股）

（1）成交量随着股价的走高而有规律地放大。

（2）分时走势图上移动平均线向上运行得非常顺滑，没有剧烈的波动现象，股价回调到移动平均线处时，移动平均线对股价的支撑明显。

（3）股价上涨的时候，移动平均线的上升角度较为陡峭，且伴随有成交量的放大。在关键技术关口股价往往放量一次轻松冲过，且超越关口价位较多。每次创出新高时，都会出现巨量。

（4）在大盘处于下跌时该股较抗跌，走势强于大盘。

（5）高开者，一般开盘后第 1 分钟即上行；低开者，则大多开盘价就是最低价，可以明显看出开盘后上冲愿望强烈。

（6）如果是从弱势逐渐转强，而非突发性转强的个股，在转强首日，其分时走势图上一般有较长时间的横盘现象。

上述 K 线图上强势股的特征和分时走势图上强势股的特征，只要具备其中几项特征，一般就可以判断为强势股。

（五）利用换手率来研判强势股

通常，换手率越高，证明参与的投资者越多。股市中 70% 的股票的日换手率在 3% 以下，因此 3% 就成为一个分界，具体如下。

（1）当个股的换手率在 3% ～ 7% 时，该股进入相对活跃状态。

（2）当个股的换手率在 7% ～ 10% 时，则可视为强势股，股价处于高度活跃当中。

（3）当个股的换手率在 10% ～ 15% 时，表明有主力在积极操作该股。

同理，如果个股一周的换手率在 35% 以上，表明该股是强势股；换手率在 50% 以上，表明主力已经准备拉升，个股进入突破前的临界状态，为投资者把握入市机会提供了较好的早期信号。

由于个股的流通盘、总股本都不一样，为方便考察，利用换手率指标可对个股的活跃程度做出比较。需要指出的是，个股单日的换手率没有一段时间累计的换手率的参考价值高。

本章操作提示

在股价走势的变化中，成交量的表现往往领先于股价的表现。也就是说，当股价下跌还未见底前成交量已经见底，当成交量持续放大后股价才开始出现反转。而当股价步入上升通道的时候，股价见顶也是滞后于成交量状况的，即所谓的"天量之后有天价"。投资者在操作时，可以根据成交量的变化来选择买入和卖出的时机。所以，投资者结合成交量的变化情况来预测股价的走势具有非常重要的意义。

需要特别强调的是，成交量的高低是相对的，还表现在低量之后可能还有地量，巨量之后可能还会出现更大的成交量。投资者在实际操作中，需要根据具体情况来判断。

第六章

量价关系实战技巧

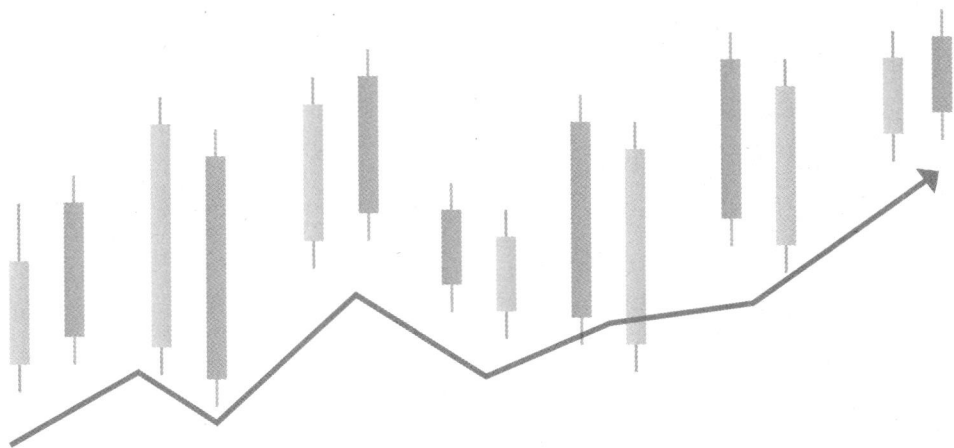

一、缩量时的买入技巧

（一）破解缩量之谜

缩量一般是指市场成交量极为清淡，大部分人对市场后期走势十分认同，意见十分一致。缩量又分为以下两种情况。

（1）市场人士都对后市看淡，只有人卖却没有人买，因而出现急剧缩量。

（2）市场人士都对后市十分看好，只有人买，没有人卖，因而出现急剧缩量。

当个股经过一段时间的上涨之后，主力就会有意地清洗盘面上的浮筹，在这个过程中，成交量也会呈现出萎缩的现象，与此同时，股价也会维持在一个较小的范围内波动。从成交量的变化以及股价的运行情况来看，说明此时持股者的信心比较稳定，否则，在股价停滞不前的时候，这些持股者就会不断抛售手中的筹码，这样成交量就会出现放大。所以，在这个过程中，如果成交量出现萎缩，那么可以断定盘中的浮动筹码不会太多，股价经过洗盘之后，还会出现一波上涨行情。

如图 6-1 所示，震裕科技（300953）在上涨过程中出现了缩量现象。从图中可以看出，股价经过一段时间的上涨之后，出现了短暂的整理行情，股价在一个很小的范围内横向波动，成交量萎缩，经过这个整理过程之后，股价再一次走出了一段上升行情。

如图 6-2 所示，中伟股份（300919）从底部区域启动之后，成交量和股价就不断向上攀升。当股价运行到半年线附近时，受到了阻力而出现回落，在回落过程中，成交量呈现出了缩量的现象。经过短暂的回落之后，股价再次发力向上突破，最终走出了一波上涨行情。

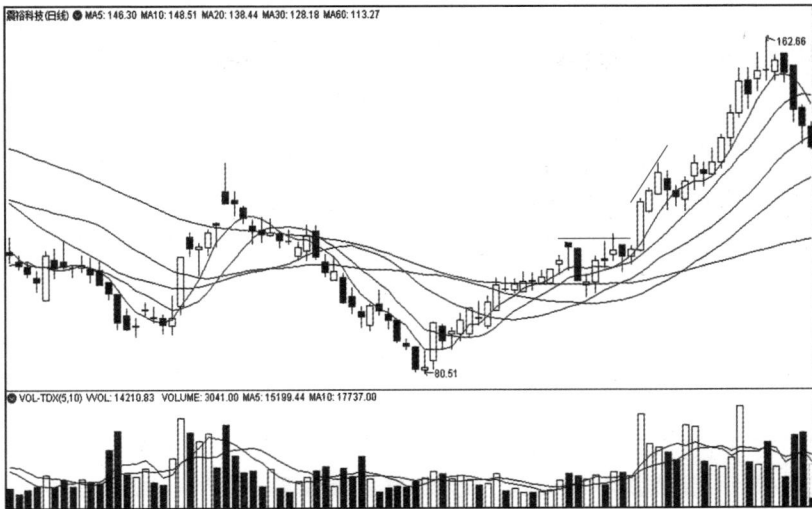

图6-1　上涨途中的缩量

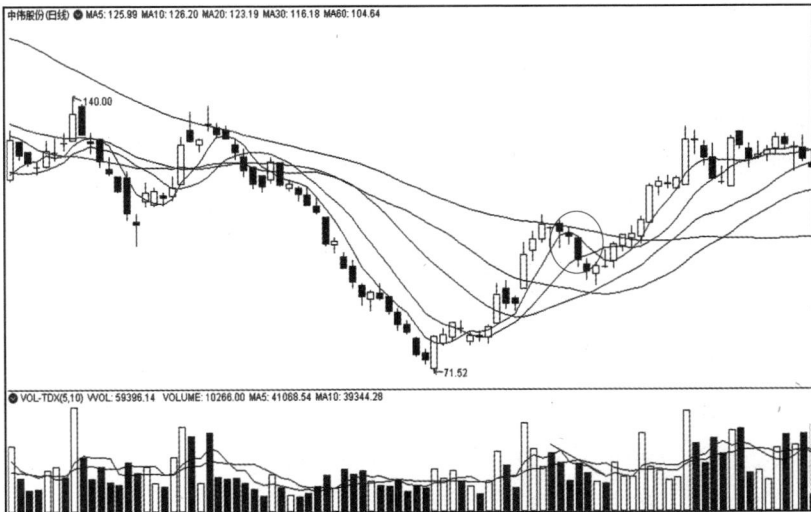

图6-2　回落过程中出现的缩量

（二）应对缩量的策略

一般来说，当成交放出巨量时，股价往往处在相对高位；当成交极度萎缩时，说明股价已跌至相对低位，天量天价、地量地价，说的就是从成交量的大小可看出股价所处的位置。这对擅长短线操作的投资者寻找买卖点是非常实用的，如果某只股在一段时间内成交量逐步萎缩，当成交量无法进一步萎缩时，往往意味着股价将止跌。至于萎缩到什么程度，则没有确定的标准。一般来说，当热门股的成交量处在一个月来的最低水平时，则阶段性底部随时都有可能出现。当成交量出现缩量时，投资者可采取以下应对策略。

（1）缩量之后出现的低点并不一定是最终的底部，有的时候仅仅是阶段性底部而已。所以，缩量只适宜寻找短线低点，对于最终底部的寻找，还需要结合其他方法进行综合研判。

（2）如果在股价运行到半年线附近时出现缩量回落的现象，那么，投资者此时不要急于跟进买入，持股的投资者也不用害怕（在股价回落的过程中只要不放量，后市就不会出现大幅度的回落现象）。一旦股价回落企稳后，再次向上发力时，就意味着新的上涨行情即将开始。投资者可以在股价向上拉升，并突破这个整理平台时买入，也可以等到股价放量突破半年线时跟进买入。

（3）如果在股价上涨的中途出现缩量整理的现象，只要股价维持在一个较小的范围内波动，持股者就不用担心害怕，因为这只是上涨途中的一次洗盘过程而已。一旦股价放量向上拉升，就意味着洗盘已经结束，新的上涨行情马上就会开始。投资者可以在拉出一根放量上涨的阳线时入场。

（4）短线操作可根据量的变化来寻找买卖点，这种方法对于捕捉热门股的买点非常实用。特别是前期的热门股出现阶段性的调整之后，往往会再出现一波行情，此时可观察成交量的萎缩情况，一旦量能创出近期的新低，说明阶段性底部可能已经来临。而对于冷门股、处在下跌趋势的个股，则不适宜用此法，因为这些个股有可能出现成交量一再萎缩而股价却持续下跌的现象，其参考意义一般不会太大。

二、缩量破位时的卖出技巧

（一）破解缩量破位之谜

投资者在实际操作过程中往往会看到，股价在下跌过程中有一段时间表现为横盘的走势，在横盘的这段时间里，成交量也一直处于缩量的状态。许多经验不丰富的投资者看到这种情形之后，往往会一知半解地误以为主力在建仓，因此纷纷大胆入场跟进。但是，在跟进之后，股价非但没有抬高，反而出现了猛烈的下跌，并且跌破了整理平台。同时，在下跌的过程中，成交量不但没有放大，反而出现缩量的现象，这种走势被称为缩量破位。如果股价处于明显的下跌通道时出现了缩量破位的走势，则表明股价后市不但不会止跌回升，反而会保持继续下跌的走势，甚至还有可能出现加速下跌的行情，如图6-3所示。

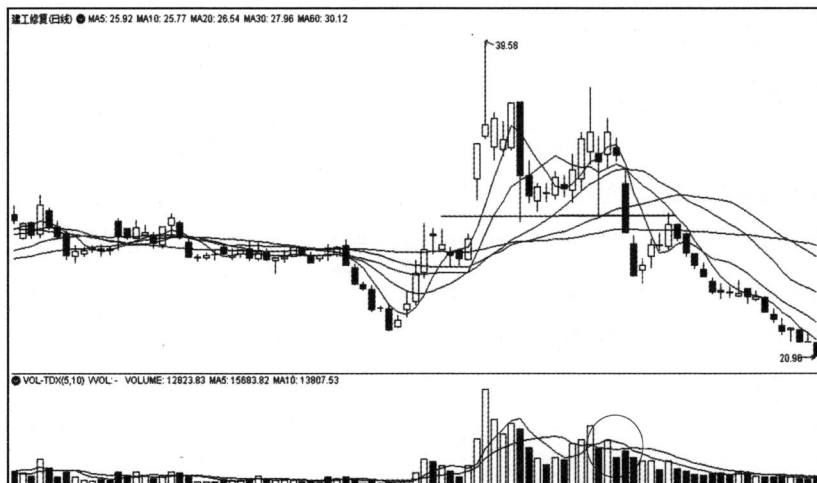

图6-3　横盘后的缩量破位

（二）缩量破位时的应对策略

（1）如果横盘之后突然出现一根放量上涨的大阳线，紧跟着出现一根向下破位的缩量阴线，此时投资者应果断出局。前面出现的放量阳线很可能是主力的诱多行为，主力借此来引诱一部分投资者去接盘，这通常证明主力出货已接近尾声了。

（2）当投资者遇到下跌过程中出现横盘整理的个股时，绝不要轻易买进，特别是当股价处于下跌通道之时。一旦股价向下破位，持股的投资者就要迅速卖出，不要一看到成交量出现缩量就认为是假跌。成交量出现萎缩说明盘中的交易很清淡，主力已经在股价刚开始出现下跌或者在反弹时就把大量的筹码抛掉了，因而造成了缩量破位下跌的走势。

三、高位快速缩量时的操作技巧

（一）破解高位快速缩量之谜

有些个股在运行到市场高位区域时，往往会出现无量空涨的走势。也就是说，当股价经过大幅度的上涨之后，会出现一个整理阶段，在整理结束之后，股价将继续向上拉升，但成交量却出现快速缩量的态势，这种走势就被称为高位快速缩量。当个股出现高位快速缩量的走势时，一般标志着股价的上涨即将接近顶部，不久将会出现下跌的行情。

当股价经过一波大幅的上涨之后，买盘就会逐步减弱。由于股价已经过大幅炒作，此时场外的投资者就会更多地去考虑风险而不是收益问题，所以进场热情大不如前。当股价上涨到一定幅度之后，主力不但不会主动吃进筹码、拉抬股价，反而会悄悄出货。在这些因素的作用下，成交量就不会再次放大了。没有了成交量的支撑，股价的上涨动能不足，很快会迎来一波下跌行情。

（二）应对高位快速缩量的策略

当市场出现高位快速缩量时，投资者可采取以下应对策略。

（1）如果股价在上涨至高位区域时出现快速缩量的现象，一旦股价上涨乏力，投资者就要果断卖出。

（2）当股价在下跌过程中出现横盘整理时，特别是当股价处于下跌通道中时，一旦股价向下破位，持股的投资者就要迅速卖出，不要一看到成交出现缩量，就认为是假跌。成交量出现萎缩说明盘中的交易很清淡，主力已经在股价刚开始出现下跌或者在反弹时就把大量的筹码抛掉了，因而造成了缩量破位下跌的走势。

（3）当股价运行到市场高位区域出现快速缩量的现象时，无论当时股价是处在横盘震荡还是小幅度攀升的阶段，投资者都不要轻易入场操作，特别是在出现缩量横盘整理走势时，一旦股价缩量整理或者是上涨之后掉头向下，投资者就要立刻卖出该股。

四、高位放量破位时的操作技巧

（一）破解高位放量破位之谜

高位放量破位一般是指股价运行到市场高位区域时，出现震荡不前或者表现为横盘整理的走势，之后股价直接跌破这个高位平台，并且在下跌的过程中，成交量也明显放大。当出现这种走势时，标志着股价即将结束上涨行情。从K线形态来看，股价跌破了均线系统的支撑位，表明大势即将转为下跌走势。

主力在高度控盘时，往往会让股价在高位横盘整理，借此掩盖自己出货的行为。经验不足的投资者每当看到股价在横盘整理的过程中没有出现过度放量，就会误以为这是主力在洗盘（有些狡猾的主力甚至会使成交量呈现出缩小的状态），于是纷纷入场买进主力抛售出来的筹码。等到股价放量破位下跌时，主力便已基本上把筹码抛售完毕了。当投资者遇到高位放量破位走势的个股时，一定要特别谨慎，因为出现这种走势后，往往会引发一轮暴跌行情。

（二）应对高位放量破位的策略

当市场出现高位放量破位的走势时，投资者可采取以下应对策略。

（1）当个股出现高位放量时，投资者一定要提高警惕，一旦股价出现放量破位下跌的走势，投资者当日就要抛出手中的股票。

（2）如果在出现高位放量破位走势的次日，股价出现反弹情况，只要股价在反弹过程中没能突破前一天的最高点，那么投资者就要在股价反弹受阻时卖出该股。

（3）当出现高位放量破位下跌走势之后的次日，如果股价呈现低开走势，那么投资者应在开盘时果断卖出该股，否则将会损失惨重。

五、放量涨停时的出货技巧

（一）破解放量涨停之谜

放量涨停时当天产生的成交量主要来自两个方面：一方面是主力不断地采用对倒的手法拉高股价产生的成交量；另一方面是散户看到股价大幅上涨，主动进场买进产生的成交量。当主力把股价拉升到一定高度之后，就会开始慢慢地抛售筹码。在出货的过程中，主力不但要逐步地把自己手中的筹码抛售给散户，而且还不能让散户看出来自己在出货。在这个过程中，主力会不断地制造陷阱，以掩盖自己出货的迹象。在出货的过程中，主力会让股价继续维持上涨的走势，并且会在出货的后期直接把股价拉至涨停板。这样一来，场外的投资者看到股价冲击涨停，就会认为后市股价必将再现一波上涨行情，于是纷纷入场做多，主力则趁此机会把筹码一一抛售给这些投资者，从而导致成交量在涨停当天迅速放大。

（二）应对放量涨停的策略

当市场出现放量涨停时，投资者可采取以下应对策略。

（1）当个股在市场高位出现放量涨停的走势之后，如果次日股价大幅低开，投资者就应该在开盘时立即卖出。

（2）在市场高位出现放量涨停的走势，并不意味着股价会立即进入下跌通道，有些个股在放量涨停后，还会有一个冲高的过程。因此，当投资者遇到这种走势的个股时，一定要密切关注盘中的细微变化，一旦后市股价上涨无望，就要迅速卖出该股。

（3）当股价运行到市场高位时，突然出现放量拉涨停的走势，投资者一定要注意观察股价在分时走势图上的动态变化。在冲击涨停的过程中，如果股价的上涨主要是由于对倒盘的拉升力量造成的，并且股价上涨到一定程度之后，委买处不断有大手笔的买单挂出，但盘中只有持续的小卖单成交，则可以确定主力是在借此出货。投资者在出现这种走势的当天，应该趁股价冲击涨停的时候果断卖出。

六、巨量阴阳时的逃顶技巧

（一）破解顶部巨量阴阳之谜

要了解"巨量阴阳"，我们先来解释两个概念：这里的"巨量"包括"成交量巨大"和"量比巨大"（一般指动态中量比大于 20 以上）两个方面；"阴阳"一般是指伴随着巨量的出现，日 K 线表现出高开阴线或高开阳线。所谓"巨量阴阳"就是指股票在上涨过程中，某日该股的成交量突然放大或开盘时的量比非常大，同时，当天股价走势呈现出高开阴线或高开阳线的状态。

（二）应对巨量阴阳的策略

当投资者遇到顶部巨量阴阳的情况时，往往不知道该如何操作，这也是造成许多投资者被深套或亏损的主要原因之一。巨量阴阳主要适用于前期股价连续上涨的情况。下面是出现巨量阴阳成功逃顶的技巧。

（1）一般情况下，股价在大幅上涨之前，日K线图中通常会出现连续上涨的大阳线。如果出现巨量阴线，当天股价往往是高开高走，同时量比非常大（一般大于20），但股价在涨幅达到9%左右时不能迅速封位涨停，分时量也明显减少，这一卖点大多出现在开盘后半小时以内，此时，投资者应果断卖出，因为当天股价收阴线的可能性极大。

（2）一般在出现巨量阳线的当天，股价往往都是先抑后扬，在分时走势图上表现为一路下滑的运行趋势，尾市才被主力巨量拉起，日K线图上收出带有长下影线的阳线（一般指下影线击穿前一日的收盘价），从表面来看好像下档支撑很强，实际上是主力无法出逃，被迫拉起护盘。这一卖点大多出现在收盘前半小时以内，当遇到这种情况时，投资者应该在尾市及时卖出。

如图6-4所示的万辰生物（300972），该股出现了一根巨量阴线，股价也创出了新高，几日后股价再次冲顶，却未能突破前期高点，此后股价便一路下滑。

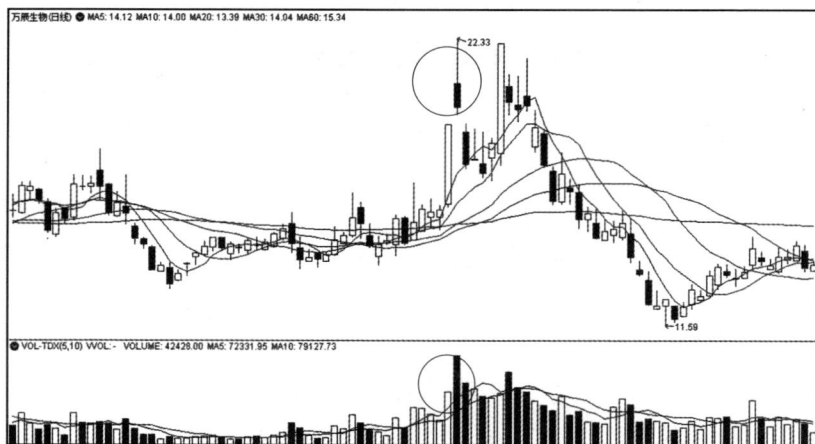

图6-4　巨量阴线走势

七、放量过头时的买入技巧

（一）破解放量过头之谜

一般来说，主力在吸货的时候，往往会让成交量表现得很小，主力这样做是为了尽量不让投资者一哄而上产生跟风；在拉升阶段，主力往往采用既有缩量拉升又有放量对倒拉升的操作手法，很难用一个统一的标准来衡量和研判；而在高位横盘阶段则是量小平安，量大麻烦。但"放量过头"却可以省去很多选股方面的麻烦和时间，而且能很快见效。放量过头通常出现在相对低位，表明主力建仓迫不及待，这往往是短线操作买入的大好时机。

这类个股的放量方式主要有以下两种。

（1）采用单根放巨量的大阳线达到放量过头。其形成原因通常是因为主力建仓没有完成，只是因为时间有限，才不得不出此下策——放量拉高股价建仓，出现这种走势往往意味着后市会有重大利好。

（2）采用几根巨量阳线来达到放量过头。从放量过头那天起计算，到最高点的涨幅通常会高达 50% 以上。这类放量过头的个股，其绝对价位一般不会太高，通常都处于相对低位。

如图 6-5 所示的华蓝集团（301027），该股的成交量出现了放量，并突破了前期高点，第三个交易日再次放量，放量过头态势明显。随后股价虽然进行了小幅整理，但再次放出了巨量，股价出现了涨停，短短几个交易日涨幅超过 60%。

（二）应对放量过头的策略

应对放量过头的策略如下。

（1）当成交量出现第一次放量时，股价通常以涨停为主，这说明主力建仓心情迫切，但是并不意味着短线会迅速大幅拉升，此时是中短线攻防兼备的买入点。

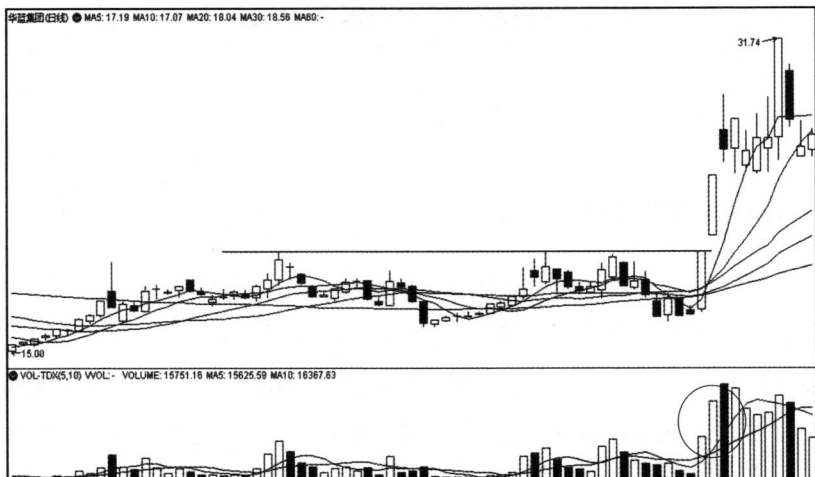

图6-5　放量过头

（2）当成交量再次放量时，相对来说，股价后市短线上涨的概率非常大，证明主力短线建仓迅速且果断。

（3）当成交量出现多次放量时再买入，是更加妥善的做法，但是买点不容易把握。在此建议投资者将股价突破5日均线作为短线买入点。

八、轻松过头时的操作技巧

（一）破解轻松过头形成之谜

当股价经过一段时间的上涨之后，在某个变动幅度不是很大的区域里上下震荡，不停地换手，但是成交量却没有出现萎缩的现象，同时，该股的累计涨幅并不是太大，也没有再上新台阶的可能。随着时间的推移，这个震荡区域几乎变成了一条向下倾斜的直线，之后股价突然向下突破，形成了阶段性头部。当向下突破确立之后，该股便阴跌不止，但可疑的是，该股每天的日K线实体并不是太长。经过一段时间后，这只股票几乎已经被人们所遗忘。当该股到达底部后，便开始以小阳线缓步推升，股价于是被逐渐抬高，但这些小阳线还没有达到足以让人们注意的程度，原因是每天的日K线实体不是很长。当主力以大阳线拉升该股时，股民才被眼前的现象惊得如梦初醒。这时候，该股已经被死死地封在涨停板上，且已冲过前期所形成的阶段性头部，正式步入主升浪，这就是"轻松过头"形成的整个过程。

"轻松过头"和"放量过头"既有区别又有联系，放量过头主要是以建仓为主，而轻松过头则证明仓位早已经建好。不过，既然是"过头"，就说明它们都处于拉升阶段，投资者可以逢低介入，且应以短线进出为主，这是这两种技术形态的相同之处。

如图6-6所示的君亭酒店（301073），该股的主力利用大市不好之机震荡吸筹、全力建仓，直到吸足筹码后，才让手中的筹码随波逐流，等待机会。当大盘进入最后的下跌阶段，该股的主力立即先于大盘而动，逐步以小阳推高股价，随后拉出了一根大阳线，轻松突破前期头部，在此过程中几乎不用放出太大的成交量。这主要得益于该股的主力眼光独到，大举建仓，然后趁大市低迷之时进行洗盘，最终迎来了拉升的机会。

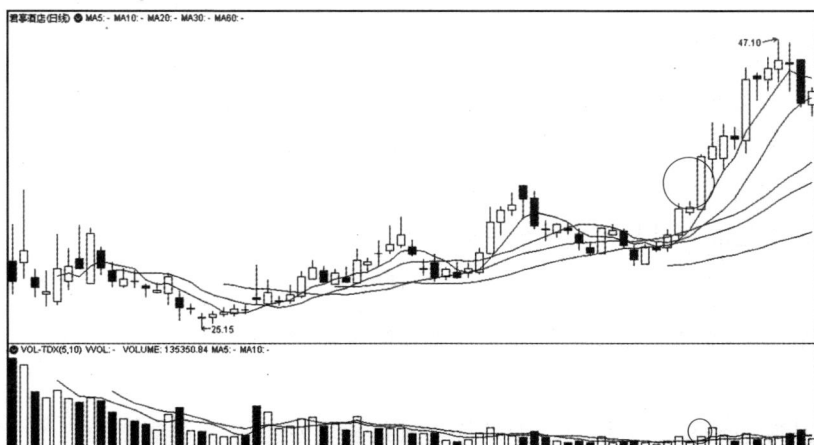

图6-6 轻松过头

（二）应对轻松过头的策略

当遇到轻松过头的走势时，投资者可采取以下应对策略。

（1）这类个股在形成阶段性头部的时候，成交量是明显放大的，而越过头部的那一天，仅仅只需温和放量，就可"轻松过头"。由此可见，此时主力已高度控盘，而不需要再建仓，只是在等待一个适当的拉升时机。

（2）轻松过头预示着该股的主力同时也解放了在前期头部的所有套牢盘，这说明该股主力志存高远。轻松冲过前期头部后，前期头部即成为"铁底"。

（3）作为中小投资者，要尽量介入没有被市场爆炒过的轻松过头的个股，不要参与那些股价早已高高在上的轻松过头的个股。

（4）遇到这类轻松过头的个股，投资者可选择在长阳过头时迅速介入。

───────────── 本 章 操 作 提 示 ─────────────

在实战操作中，很多投资者常常会遇到这样的困惑——自己手中的股票往往一买就跌，一卖就涨，就感觉主力在盯着自己操作一样，作为投资者，从量价关系的角度来把握买卖点，通常要注意以下几点。

（1）当出现价涨量缩时，投资者应该提防骗局。通常来说，价涨量缩虽然暗示着资金还在不断流入，但成交量在不断出现萎缩时理应看空。

（2）当出现价涨量增时，后市理应看多。但如果出现成交量放大到一定极限而不能持续放大时，这通常预示着增量资金已经全部进场，资金流入的过程已经接近尾声，下跌过程马上就要展开，此刻投资者应该抓住有利时机抛出手中筹码，不失为明智之举。

（3）当出现价跌量缩时，虽然理应看多，但要根据量缩的具体情况来定。通常股价的每一次下跌都伴随着成交量或多或少的萎缩，但有时候股价下跌并不需要成交量的放大来配合，所以，价跌量缩到一定极限时才能看多。另外，如果价跌量缩出现在主力吸货结束后的拉升前夕，则表明主力为了清理获利浮筹、减少拉升的阻力，在以大阴线缩量向下砸盘。这通常是主力的骗局，投资者此时应持股待涨。

（4）当出现价跌量增时，通常说明资金流出的速度在不断加快，后市看空。但此时需要注意股价所处的位置，股价处于底部时出现的量增且股价微幅下跌，通常是主力打压吸货所致，此时不仅不能看空，反而还要看多；股价处于顶部时，如果前期已有大幅上涨出现的放量下跌，这是主力出货所致。另外，投资者需要把握量能增加的程度，究竟成交量多大才算量增呢？这一般以日换手率作为判断标准。有时，主力为了震出获利浮筹，故意放量向下砸盘，制造骗局，量能放大时的日换手率通常都在5%左右。

（5）在股市实战操作中，投资者不仅要时刻关注价量关系，还要结合盘面的特点，具体问题具体分析，只有这样才能避免操作上的失误，从而获得稳定的投资回报。

第七章

提防成交量陷阱

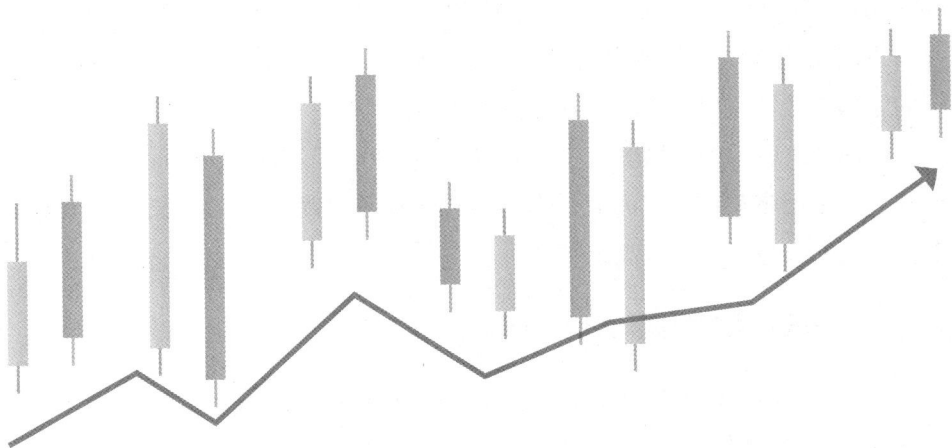

一、提防久盘后突然放量突破的陷阱

（一）识破久盘后突然放量突破的动机

所谓久盘，一般是指在一个时期内，如 2 ～ 3 个月的时间，甚至是为期半年的时间，股票在一个相对窄小的价格区间内进行上下波动，上行乏力，下跌缩量，交投极为清淡，不被市场人士所关注的股票横盘形态。那么，为什么久盘的股票有时会在突然放量向上突破后调头向下甚至加速下跌呢？其实，这就是主力利用成交量设置的陷阱。通常的情况是，在久盘以后强行上攻难见成效，为了赶快脱身，主力采取对敲的方式，制造成交量放大的假象，引起短线炒手关注，诱使投资者盲目跟进。这时，主力只是在启动时买卖自己的股票，在推高的过程中，许多追涨的投资者接下了主力的大量卖单。那些在追涨时没有买到股票，仍然将买单挂在那里的人更加强了买盘的力量，并为主力出货提供了机会。主力就是这样利用"量增价涨"这一普遍被人认可的原理制造了假象，从而达到尽快出货的目的。

如图 7-1 所示的南风股份（300004）。从图中可以看出，该股出现了放量拉升，以一根带长上影线的 K 线收盘，随后股价阴跌不止，跌幅高达 30% 以上，显然那天是主力在拉高出货。

（二）久盘后突然放量突破的判断标准

判断久盘后忽然放量突破的标准通常包括以下四个方面的内容。

（1）向上突破时的K线形态是否有阳包阴形态，向下突破是否有阴包阳形态。

（2）在突破 3 日后价格仍维持超过原高点或低点的位置。

（3）成交量在突破时是否有新的高纪录或低纪录出现。

（4）突破的新股价必须超过原高价或低于原低价的 3%。

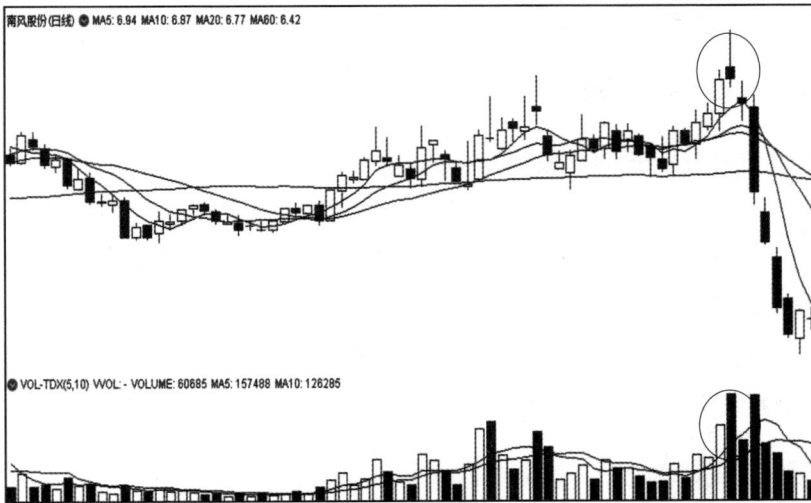

图7-1　久盘后突然放量突破出货

投资者根据以上判断标准就可以准确地判断出，该突破究竟是真突破还是主力设置的陷阱，作为投资者一定要提高警惕，谨防上当受骗。

通常情况下，久盘放量的股票在短时间内（通常在 1 小时左右）股价就可能达到 8% 左右的涨幅，还有的甚至会出现以大买单在短时间封住涨停。如图 7-2 所示，该股在长达两个月的盘整之后，突然出现了放量拉高的现象，

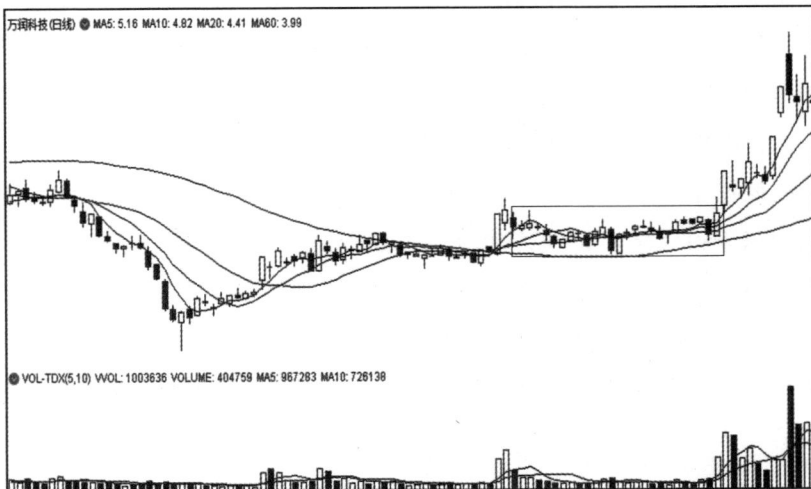

图7-2　久盘后突然放量突破

之后股价出现连续拉高的走势。

（三）应对策略

当广大投资者看到突破盘局而追涨时，股价却在涨到 5%～7% 时突然出现掉头向下的现象，大量的抛单抛向那些追涨的中小散户，虽然还会出现反复拉升，但主动买单减少，而抛单却不断出现，股价逐渐拉低，到收市前半小时甚至会跌到前一天的收盘价之下。随后的成交量持续出现萎缩的状态，股价也很快跌破前次的起涨点，并一路阴跌不止，还可能出现加速下跌的状态。此时投资者应及时止损离场，以免深度套牢。

二、防范缩量跌不深的陷阱

（一）识破缩量跌不深的陷阱

缩量下跌是指股票价格或大盘指数在下跌的同时，成交量相对前几个交易日有明显减少。对于大盘而言，缩量下跌通常是一个调整过程或分歧阶段，短期涨跌要看以后发布的消息：利空消息将导致股价下跌，利好消息则导致股价上涨，而放量下跌后可能还会出现继续下跌的走势。

实战操作中，许多主力机构不但经常利用股价假象来骗人，同时也常常利用成交量来设置陷阱，让许多对技术分析一知半解的投资者上当受骗，达到骗线的目的。成交量萎缩往往意味着抛压力量在减弱，属于正常的量价配合现象。然而许多累计升幅巨大的个股，其主力机构就利用投资者的这种惯性思维，利用缩量阴跌的方式缓慢出货，让高位套牢的投资者产生缩量不会深跌的错误认识，从而错过及时止损出局的时机。如图 7-3 所示。

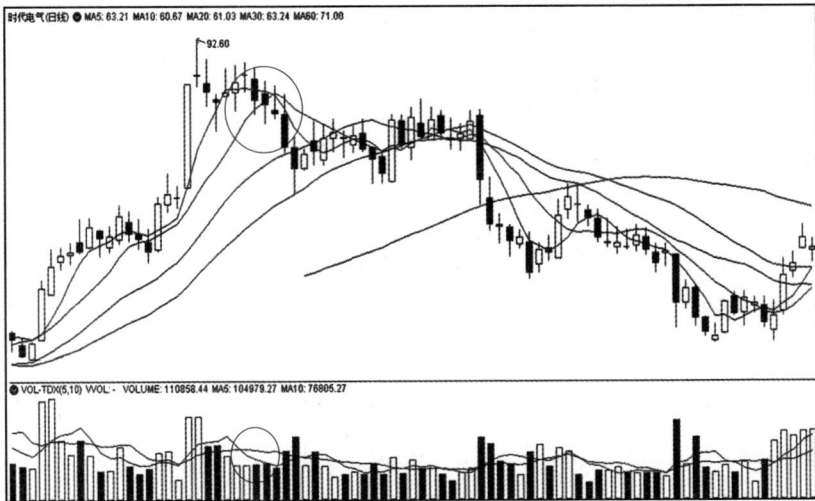

图7-3 缩量跌不深陷阱

（二）应对策略

证券市场中流行这样一句话："股市中什么都可以骗人，唯有量是真实的。"传统的经典理论认为，趋势需要成交量来确认，认为成交量的大小与股价的上升或下跌成正比关系。比如，成交量增加股价才能上升、缩量跌不深、天量之后有天价等。而股价则容易受主力或大户左右，这些观点通常情况下是正确的，但有时往往也有很大的片面性，因为，在买卖成交过程中，买卖双方的力量带有极大的不确定性，这就给我们分析判断多空力量的真实意图带来非常大的困难。

在股市操作中，针对缩量跌不深的现象，投资者要具体问题具体分析。股价在下跌途中，出现缩量下跌大多为无量阴跌，底部遥遥无期。所谓"多头不死跌势不止"，即一直跌到多头彻底丧失信心斩仓认赔，爆出大的成交量，跌势才会停止。此时表明投资者在出货以后不再做"空头回补"，股价还将维持下跌方向，因而，投资者在此阶段应以持币观望为主。

市场上通常有这样一种认识——认为股价的上涨必须要有量能的配合，如果是量增价涨，则表示上涨动能充足，预示股价将继续上涨；反之，如果是缩量上涨，则视为无量空涨，量价配合不理想，预示股价不会有较大的上升空间或难以持续上行。其实，实际情况并非如此，具体情况要具体分析，正常的现象是上涨初期需要量价配合，上涨一段时间后则不一样了，主力控盘的个股往往是越上涨成交量反而越萎缩，直到再次放量上涨或高位放量滞涨时则预示着主力要出货。

作为投资者，在具体的操作中，往往会观察到无量阴跌的现象，只有在出现恐慌性抛盘之后，再次放量股价才会有所企稳。其实放量下跌说明抛盘大的同时承接盘也大，反而是好事，尤其是在下跌的末期，这说明已经有人在开始抢反弹了。

由于弱势反弹主要是靠市场的惜售心理来支撑的，止跌反弹的初期往往会出现在恐慌中，因此需要有成交量的配合，但之后的上攻反而会出现缩量的现象，弱势反弹中一旦再度出现放量，就说明筹码已出现松动，暗示着新一轮下跌的趋势马上展开。

三、防范高送配除权后成交量放大的骗局

（一）高送配的概念

在了解高送配除权后的成交量放大陷阱之前，投资者必须先弄清楚什么是高送配。只有弄清楚这个概念后，才可能识破主力高送配除权后的填权骗局。

高送配的股票一定是当期盈利状况非常理想的股票，财务状况也比较好。送股产生后，股价一般会出现下跌，自然会吸引一些投资者盲目跟进，买盘变得稍微积极一点。高送配只是迎合市场概念的一种炒作，无论是送股或转增股，其实对于投资者的利益没有多大影响。在高送配的消息公布后，不久即是股权登记日，所以可能抢权的人稍微多些，股票表现得积极一些，但却不一定会大涨。一般来说，资本公积金大于2元、每股净利润很高、流通盘不大的股票可能会有高送配。

（二）除权的概念

除权一般是指由于公司股本增加或者向股东分配红利，每股所代表的企业实际价值（或每股净资产）有所减少，需要在发生该事实之后，从股票市场价格中剔除这部分因素的行为。因股本增加而形成的剔除行为称为除权，而因红利分配引起的剔除行为称为除息。上市公司在送股、派息或配股时，需要确定股权登记日，在股权登记日及此前持有或者买入股票的股东都享受送股、派息或配股权利，是含权（或含息）股。一般在股权登记日的次日（要是交易日）就是除权、除息日，此时，如果再买入股票就已经不享受上述权利。所以，一般来说，除权、除息日的股价要低于股权登记日的股价。

除权的产生是因为投资者在除权之前与当天购买者两者买到的虽然是同一家公司的股票，但是内含的实际权益却不同，这显然有失公平。所以，必须在除权当天向下调整股价，即成为除权参考价。上市公司以股票股利的形式分配给股东，也就是公司的盈余转为增资或进行配股时，就要对股价进行除权。上市公司将盈余以现金的形式分配给股东，股价就要除息。

如图7-4所示的日丰股份（002953），该股的中短期技术指标基本调整到位，在二级市场上，该股除权后，曾经出现过震荡的走势，短线蓄势充分，技术上将呈现出方向性的选择。对于这一类走势的个股，投资者可以加以关注。

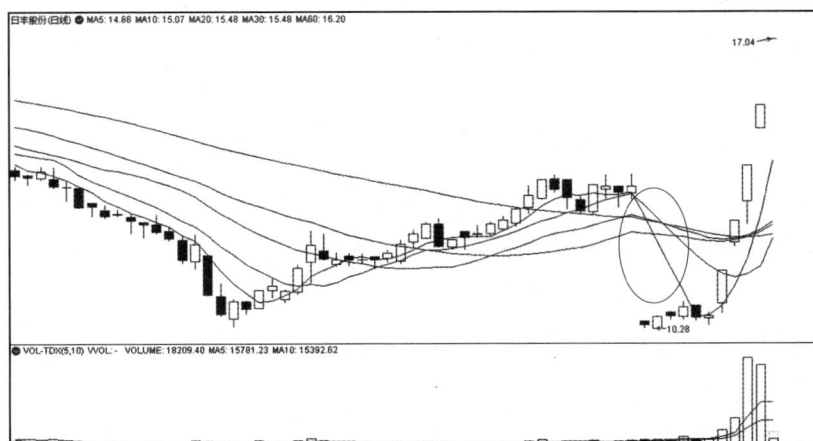

图7-4 除权后的技术指标

（三）识破高送配除权后成交量放大的陷阱

主力利用除权后的成交量放大设置陷阱，有可能在除权当天来进行，也有可能要过几天进行，这要根据当时的大盘环境来确定。有的一次出货未能完成，就在除权后多次进行震荡，设置各种看似筑底成功的假象，在放量上攻途中出货。

主力设置高送配除权后的填权陷阱，通常会把时间选在个股有大比例送红股、公积金转送或配股消息公布之前，主力通常都会将股票拉得很高。此时，散户一般不会在高价位追高买进，即使主力再进一步拉抬也无法吸引跟风盘，只好等待送红股或公积金转送的机会。一旦消息公布，炒高了的股票大幅除权，使价位降低，20元每股的股票，10送10就只有10元了。这时候，主力利用广大中小散户追涨的心理，在除权日大幅拉抬股价，造成巨大的成交量。

股票一旦大幅除权，股价就会降低很多，主力再利用填权（指在除权、除息后的一段时间里，如果多数人对这只股票看好，那么这只股票行情交易市价就高于除权或除息的基准价这种行情，就称为填权）行情的炒作和散户喜欢追涨的心理，在除权后开始大幅拉抬股价，造成大量买进的假象，主力便趁机大肆出货。因此，作为投资者，对于除权的个股必须要等到复权，让股价波动保持一种连续性，以避免掉入陷阱。

在这里需要特别提醒广大投资者的是——许多股票大幅除权后，的确会有填权行情，但也要具体对待。一般来说，除权前，股价翻了一番、两番甚至三番的股票很难立即填权。此外，对于除权后股本扩大到9000万股甚至上亿股的股票，除权后也难以填权。只有那些在除权前主力吸纳时间很长、正准备大幅拉升的股票，在除权后才有可能实施填权行为。另外，即使对于那些大幅除权后的股票，投资者也要仔细研究其股本扩张速度是否能和业绩增长保持同步。除此之外，还要考察除权后流通股数量的大小及有无后续炒作题材，作为投资者切不可见到放量就跟进买入，见价涨就追涨，这是不理智的做法，也是很危险的操作行为。

四、防范对倒放量拉升的陷阱

（一）认识对倒放量拉升的过程

主力拉升股价，通常根据其控盘程度来选择是采用对倒拉抬或是锁仓拉抬的方法。假如主力持仓能力有限，通常就不会将行情持续得太久。在这种背景下，主力常常采用放量拉升，利用投资者对"量增价升"的惯性思维，在拉高股票价格时采取不断的大手笔对敲手法，连续放出大的成交量，制造买盘实力强大，用来吸引场外跟风盘的介入，达到借此机会出货的目的。由于短线"价涨量增"的走势往往可以迅速激发市场人气，主力往往在一片看好声中完成派发，这种拉升方式被称为对倒拉升。

通常在牛市行情到来的时候，并不是所有主力都有机会和时间对目标股形成高度控盘，由于种种原因（如主力对后市的判断、上市公司、资金、题材、政策的助涨助跌等原因），总有一些主力会错过持续建仓的机遇，当牛市行情到来的时候，这些主力虽然完成了建仓，但其持仓量并未达到高度控盘的程度，在这种背景下，主力只有采用对倒拉升的手段将股价拉高了。

（二）应对策略

当主力在利用放量对倒的手法来拉抬股价的时候，如果成交量没有出现萎缩或没有形成巨量，那么投资者此时可以继续持股，量能没有大幅放大，就说明主力并没有在高点出货。而量能没有出现萎缩，也证明了主力的资金实力还是很强大的，还是很有能力继续将股价推高的。

投资者遇到上述两种情况，只要该股不是涨幅过大，都应该积极跟进，因为这类股票的上涨速度通常是非常快的，上涨空间也是较大的，一般不会给投资者太多低位买入的时机。

五、提防借利好放量大涨的陷阱

（一）了解借利好放量大涨的过程

所谓利好，一般是指能够刺激股票价格不断上涨的信息，比如，上市公司经营业绩好转、社会资金充足、银行利率降低、银行信贷资金放宽、市场繁荣以及其他政治、经济、外交、军事等方面对股价上涨有利的信息。利好一般不为普通的投资者所了解，严格地说，利好是指能够刺激股价上涨的信息披露和公示。现如今已演变为对事态的进一步发展有利的所有消息。由于信息的对称性，主力常常利用手中掌握的信息，在低位开始悄悄进货，并一路推高股价，等到消息证实时，反而是主力逢高派发的好时机，这种情况被市场称为"见光死"。

借利好放量大涨，这里所谈及的放量，通常是指成交量比前一段时间明显放大，放量是相对而言的。例如，昨天全天的成交金额是0.5亿元，今天忽然变成6亿元了，这就是放量，如果今天变成1.8亿元，也可以说它是放量了。主力机构为了达到洗盘或出货的目的，一般都会想方设法地引诱中小散户跟风追涨或杀跌。为此，借用利好放量大涨，是主力机构惯用的诱人手段。一般当个股在公布中报、年报优异业绩之前以及重大利好消息或有题材出现之前，主力机构都能提前掌握各种利好消息而提前推升股价，一旦利好兑现之时，主力机构就会利用投资者纷纷看好买入的这一有利时机顺势放量拉升，趁机减仓或出货，从而诱骗中小投资者。

（二）应对策略

在市场中，主力常借用利好消息设置陷阱，以掩护其出货。通常来说，股价上涨过程中很少见到正面消息，但是如果正面的宣传开始增加时，说明主力已萌生退意，准备出货了。另外，如果此时关于这只股票的利好传言多了起来，也可能是主力出货的前兆。还有的股票在公布了预期的利好消息后，基本面看涨，但股价就是不涨，这也是主力出货的前兆。针对这些现象，投资者应尽早卖出股票，规避后市下跌带来的损失。

为了广大投资者更好地规避风险，下面结合一个具体实例，来为大家讲解一下，作为投资者如何应对主力借利好所设置的陷阱。

如图 7-5 所示的力量钻石（301071），该股在公布 2021 年度每 10 股派发现金红利 10 元（含税），以资本公积金向全体股东每 10 股转赠 10 股的实施方案的时候，竟然高开低走，当日收出一根大阴线。因此，当股价出现连续上涨后，发布利好消息反而容易形成头部。这是主力借利好出货的常用手法。

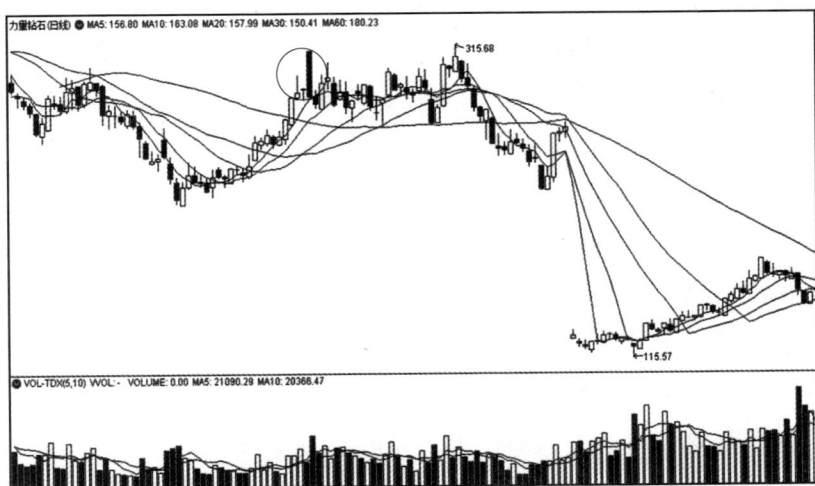

图7-5 借利好拉高出货

随着广大投资者对主力操盘手法的逐渐认识，主力制造陷阱的手法也越来越高明和隐蔽。中小投资者必须要学会正确识别各种成交量的陷阱，高度重视防范风险，可以根据当时的大盘背景、个股盘口异常情况以及个股具体位置的高低来进行综合分析，加以判断。

六、通过成交量研判破解空头陷阱

（一）通过成交量研判空头市场中的陷阱

空头陷阱在成交量上表现出的特征是，随着股价的不断下跌，量能始终处于不规则的萎缩之中，有时盘面上甚至会出现无量空跌或无量暴跌现象，盘中个股的成交也表现不活跃，营造出阴跌走势的气氛，恰恰在这种氛围中，主力往往可以轻松地逢低建仓，从而构成空头陷阱。

在空头市场行情的初期，由于投资者的看法未出现严重分歧，成交量通常还是很大的。直到股价出现大幅下跌，交易逐步停滞，而股价远离大成交量聚集的价位，股价继续下跌，这就是空头市场来临的征兆，一般也是卖出的信号特征。

当空头市场结束转为多头市场前，成交量也会表现出信号特征。在空头市场的尾声，成交量已表现出萎缩，随后成交量有放大的迹象，股价有时会上升，有时依然横盘或缩量下跌，但涨势势在必行。市场走势要出现反转，在很大程度上取决于以下几个量化标准。

（1）在有成交量放出的前提下，还需要有号召力的至少两个以上的板块热点轮番活跃市场，每个板块最少有一个比较具有潜力及影响力的"领头羊"。

（2）首先观察是否能够有地量出现，常言道"地量见地价"。

（3）有时仅是地量出现并不能使股指反转向上，沪市的成交总和必须达到当时的交投活跃的成交量，因为只有这样，才能让市场人气再度活跃，投资者增加信心，场外增量资金开始进入股市，市场机会才开始增多。

（二）应对空头陷阱的策略

面对主力所设置的空头陷阱，作为投资者在投资策略上也应该做出相应的对策，其应对方法主要包括以下几个方面。

（1）在盘底形态或筑底过程中，宁可保持观望的态度，待多头市场的支撑失守后或空头市场的压力确认坚固后再来做空也不会太迟。不然的话，当空头陷阱一旦形成，必然会在原趋势线突破后介入做多，因为在以后的一段可观的涨势中，做多的利润将远远多于做空的损失。

（2）作为投资者，假如把握不准市场行情，就要先趁机避开，这样才能真正避免损失。

（3）能够正确把握主力成本和目标的投资者可以采取坚决守仓的策略。

（4）在研判大盘已经基本见底，而个股表现快要乏力的时刻，可以选定个股逐步建仓。

空头市场里股价反弹，而成交量容易出现放大，再度下跌时成交量就逐渐萎缩，而成交量无法再萎缩时，显示买卖双方均在观望，股价就有望反弹，甚至出现回升。多空市场的成交量始终在轮换，由低到高或者由高到低。经验不足的投资者可参考量能线指标 PVEL，该指标主要以 K 线搭配成交量来观察量价彼此的关系，具有很实用的参考价值。在高价圈时，股价下跌、量能下降，表示是跌势初期；在低价圈时，表示股价跌势已届末期，股价下跌量能上升，属于量价背离现象，意味着低档接手积极，股价接近谷底。学会利用空头陷阱选择股票，不但需要理性地观察和研究，还需要坚定的信心和实战的勇气。

以上只是原则性地列举了一些方法，投资者要能够认真体味和研判，才会有所收获。

七、防范业绩公告前成交量突然放大的陷阱

（一）业绩公告前成交量陷阱解析

当企业的业绩报表已经做出来时，公司的董事会、会计师、会计师事务所以及发表中报或年报的新闻媒体都会领先一步知道消息。因此，股价在中报或年报公布前会因消息的泄露而出现异常波动。在中报或年报公布前的股票走势行情，一般有以下三种情况。

（1）股价在报表公布前一直处于小幅盘整状态，但是在某一天开始温和放量，股价不断稳步升高，这类股票通常业绩不错，但无长线主力入驻。业绩公布后复牌，成交量放大，为短线炒作者出货的表现。

（2）股价长时间在上升通道中运行，出现大幅度的上涨，这种股票一般业绩相当好，一定有主力长期入驻。待良好的业绩公布后，通常伴有高送配消息。复牌后，会放出巨大的成交量，主力此刻借利好出货。

（3）报表公布前，股价一直处在下降通道中，业绩报表在所有报表截止日前还迟迟没有公布于众，但股票却在某一天突然放量。这通常是被套主力反手做空，制造成交量放大的陷阱，对于这种陷阱投资者一定要注意加以防范。

（二）应对策略

主力利用成交量制造陷阱必须选择时机，通常这个时机是短线投资者期望的时期。久盘之后的突破或业绩报表公布前，都极易制造假象，是投资者易于产生幻觉的时期。业绩好的公司，其经营状况早就在各券商和大机构的调研之中，其经营业绩也早有可能被预测出来。因而主力早就入驻其中，将股价做到了很高的位置进行盘整，等待利好公布时出货。但也有一些上市公司信息披露保密工作做得好，直到消息公布前几天才在有关环节泄露出来。

这时，主力要在低价位收集筹码已经来不及，可是优秀的业绩又确实是做短线的机会。因此，一些资金会迅速进入，能买多少买多少，股价也不急不火地上升，成交量出现温和放大。待消息公布时，投资者一致认同该股值得买入时，该股有时会在涨停板位置高开，然后先期获得消息做短线的投资者会将股票全部抛出，从而获得丰厚利润。

报表公布前，还有一种情况是，某只股票本来一直阴跌不止，形成下跌通道，但报表公布前的某一天，该股突然以压低开盘，或在盘中被狠狠地打压，造成股价异常波动，以吸引市场人士关注。随后，该股会有大量的买单或者卖单同时出现（此时的投资者应该提高警惕，谨防上当），成交量猛增，股价也在不断推高。这时，投资者认为该股中报或年报一定会公布业绩有重大改善，于是想赌一把，做一次短线炒作，便在当天大胆跟进。岂料，第二天该股放量不涨（有的股票甚至会出现缩量盘跌，又称阴跌），随后更是一路加速下跌。等到业绩公布时，该股业绩大幅滑坡，股价无量下跌，使投资者深度套牢。

八、提防逆势放量上攻的陷阱

（一）解析逆势放量上攻陷阱的形成过程

在实战操作中，投资者通常会发现某些股票在一个平台或一个箱形内经过很长时间的盘整，在某一天突然出现放量下跌的现象，个股纷纷翻绿，整个股市表现出衰退的氛围，随后的几日内，该股却出现逆势上扬，放量上攻，造成了轰动的市场效应。此时，许多投资者会认为这只股票逆势上涨，一定是有潜在的利好有待公布，或者有大量新资金入驻其中，于是纷纷大胆买入。然而，结果却是该股的放量上攻往往只有一两天的行情就结束了，随后反而出现加速下跌的状态，那些急于跟进的投资者往往会被套牢。

出现上述情况，很显然是主力利用投资者反向操作的心理，在大势下跌时逆势而为，吸引市场广泛关注，然后在拉抬之中达到出货的目的。在这种情况下，主力往往是孤注一掷，拼死一搏，设下陷阱，而许多短线操作者正好也想孤注一掷，舍命追高，结果陷入主力所设置的圈套。所以，即使一些有经验的投资者，也往往会被这样的陷阱所迷惑，给自己造成损失。

（二）应对策略

主力在吸筹的时候，无论成交量变化有多大，在底部盘整多长时间，投资者都要有耐心等待。主力要出货的时候，由于手中筹码过多，会设置成交量的陷阱来迷惑投资者。所以，作为中小投资者，在研究量价关系时，应全面考察股票长时间（通常指半年或一年以上）的运行规律，全面掌握该股所处的价位和基本面的关系，摸清主力的操作意图，以避免在主力放量出货时盲目跟进，造成无法挽回的局面。

————————— 本章操作提示 —————————

许多投资者往往认为成交量是市场中最真实的反映，然而，事实上成交量有时也是会骗人的。当成交量的大小和股价的涨跌成正比例关系时，这种量价配合的观点大多是正确的，但在不少情况下也是片面的甚至是错误的。其实，主力往往通过在成交量上设置陷阱来欺骗广大投资者，导致一部分投资者蒙受损失。所以，在研判成交量中是否存在骗局时，投资者一定要学会把握以下两个方面的内容。

（1）把握成交量的变化，关键是把握趋势的变化。趋势是金，所谓的"天量天价，地量地价"只是相对某一时期来说的，具体要看当时的盘面状态以及股价所处位置，才能够确定未来的发展趋势。在股价走势中，成交量的多少没有一个可以遵循的规律，很多时候只是一个"势"，即放量的趋势和缩量的趋势，对这种趋势的把握，来自对前期走势的整体判断以及当时的市场变化状态。在用成交手数作为成交量研判的主要依据时，也可辅助使用成交金额与换手率进行研判，从而更好地把握成交量的"势"。

（2）弄清楚成交量的变化是市场的正常属性还是主力在背后操控所为。主力会通过自买自卖，来制造虚假的成交量，从而使迷信成交量的广大投资者上当受骗。在股票市场中，主力可以扮演散户，但散户绝不可能扮演主力，主力的行为有时和散户行为是相同的。作为广大投资者，假如用成交量来判断市场行情，就一定要弄清楚市场行情发展的阶段特征，因为在同样的价升量增的趋势中，股价处于顶部和底部时的意义是完全不一样的。

参考文献

［1］康凯彬.从零开始学操盘［M］.3版.北京：中国纺织出版社有限公司，2022.

［2］王江华.成交量：典型股票分析全程图解［M］.北京：清华大学出版社，2019.

［3］胡斐.股票操盘宝典：判大势 定思维 入牛股［M］.北京：经济管理出版社，2020.

［4］刘锐.股市投资交易心理学［M］.北京：人民邮电出版社，2020.

［5］杨金.从零开始学量价分析［M］.北京：人民邮电出版社，2020.

［6］曹明成，谭文.成交量中的秘密［M］.上海：立信会计出版社，2017.

［7］邱立波.趋势技术分析［M］.北京：中国宇航出版社，2020.